Arbeitstexte für den Unterricht

Metaphorischer Sprachgebrauch

Für die Sekundarstufe
herausgegeben von
Gerhart Wolff

Philipp Reclam jun. Stuttgart

Universal-Bibliothek Nr. 9570
Alle Rechte vorbehalten
© 1982 Philipp Reclam jun. GmbH & Co., Stuttgart
Gesamtherstellung: Reclam, Ditzingen. Printed in Germany 1994
RECLAM und UNIVERSAL-BIBLIOTHEK sind eingetragene
Warenzeichen der Philipp Reclam jun. GmbH & Co., Stuttgart
ISBN 3-15-009570-0

Inhalt

I. Vorwort

Insgemein muß ich erinnern, daß die Metapher
unter allen symbolischen Figuren die edelste und
vornehmste ist, deren Gebrauch am weitläufigsten
ist, die darum auch am meisten dienet, die Armuth
der Sprachen zu verhüllen, und die der Rede die
gröste Zierde mittheilen kan.

Johann Jakob Breitinger:
Critische Dichtkunst, 1740

Seit langem behauptet die Metapher ihren sicheren Platz in
der »literarischen Rhetorik« (H. Lausberg). Sie steht damit
in antiken und mittelalterlichen Traditionen. Eingeordnet
wurde sie unter die Stilfiguren oder die Tropen, gesehen
zumeist als verkürzter Vergleich (»Fuß des Berges«), analysiert unter semantischen Aspekten. Entsprechend dominier-
ten im Unterricht bis vor kurzem die poetisch-symbolische
Metapher, etwa in Gedichten, und die rhetorisch-ornatori-
sche Metapher, als »Schmuck der Rede«.

Alle diese Elemente lassen sich auch dem obigen Leitwort
entnehmen. Andeutungsweise ist dort aber schon auf die
weite Verwendung und die mehrfache Aufgabe der Metapher verwiesen. In Anbetracht der neueren Diskussion, die
sich um eine Erklärung aus dem Kontext und der aktuellen
Sprachverwendung bemüht, haben wir deshalb der vorliegenden Materialsammlung den Titel *Metaphorischer Sprachgebrauch* gegeben. Er soll zum Ausdruck bringen, daß wir
mit H. Weinrich »alle Arten des sprachlichen Bildes von der
Alltagsmetapher bis zum poetischen Symbol« meinen, daß
Metaphern nicht allein als wortgebundene »Übertragungs-
phänomene« zu verstehen sind, daß vor allem ihre Funktionen in den verschiedensten Äußerungsweisen zu untersu-
chen sind.

Für ein solches, recht eigentlich »pragmasemantisches« Verständnis metaphorischer Prozesse kreuzen sich in einem
Text jeweils Intentionen der Sprecher und Erwartungen der

Hörer, die beide nur mit Hilfe unseres Alltagswissens erschließbar sind. Da hier ferner sowohl festgelegte Bedeutungen wie situative Anforderungen eine Rolle spielen, markiert metaphorischer Sprachgebrauch auf ideale Weise das Miteinander von »langue« und »parole«, also von abstraktem Sprachsystem und konkreter Sprachverwendung. Damit gewährt das Thema Einsichten in das Wesen der Sprache überhaupt und in die vielfältigen, kreativen bis manipulativen Möglichkeiten ihrer Benutzung. Dies geschieht hier über eine Verbindung von Sprach- und Literaturbetrachtung. Es wird außerdem ein Rahmen gegeben, um wissenschaftliche Modellvorstellungen, Termini und Methoden kennenzulernen und zu diskutieren. Hierdurch ist die Behandlung metaphorischen Sprachgebrauchs allerdings zum größeren Teil auf die Sekundarstufe II verwiesen; indessen sei eine Anschaffung des Heftes bereits in der 10. Klasse für vorbereitende Untersuchungen (etwa an Gebrauchstexten) empfohlen.

Der Annäherung an das Thema dient zunächst eine kurze Einführung, in der Grundwissen bereitgestellt und Akzente für die Lektüre der theoretischen Texte gesetzt werden. Die Gliederung des Textteils soll das Vorgehen keineswegs festlegen: im allgemeinen wird man wohl, der heutigen Metapherndidaktik folgend, mit Gebrauchstexten beginnen, dann theoretische Aspekte einbeziehen und schließlich zu fiktionalen Textsorten übergehen; doch läßt sich durchaus auch eine andersartige Systematik oder Kombination denken. Die aufgenommenen Textgruppen stellen dafür nur ein Angebot dar, das man sowohl aus akutem Anlaß erweitern als auch aus aktuellem Material ergänzen sollte. Wichtig für die Behandlung scheint uns, daß metaphorischer Sprachgebrauch nicht isoliert, sondern stets im Zusammenhang mit anderen Aspekten, die sich aus Thematik oder Textsorte ergeben, gesehen wird. Darauf deuten manche Zwischentitel hin; und deshalb sind auch immer vergleichbare, aber unterschiedliche Texte gegenübergestellt. Eine derartige Anlage gestattet es zudem, das Heft ergänzend zur jeweiligen Lektüre oder zu sprachtheoretischen Erörterungen heranzuziehen. Aus solchen Gründen wurde andererseits der Umfang begrenzt und damit manche Kürzung oder Verkürzung in Kauf genommen. Einige Abschnitte (Dramatik, Epik; politische Rede) erfordern folglich die Kenntnis des genaueren Kontextes.

Auf alle diese Gesichtspunkte und Möglichkeiten machen die Arbeitsanregungen aufmerksam, z. B. auch durch die Nennung von weiterführender Literatur. Sie beziehen sich sowohl auf die einzelnen Textsorten als auf übergreifende Vorhaben zum Sprachgebrauch in Gegenwart und Vergangenheit.

Untersuchungen zum metaphorischen Sprachgebrauch schließen immer auch semantische Untersuchungen mit ein. Auf Worterklärungen in Anmerkungen wurde deshalb bewußt verzichtet.

II. Einführung

Unter einer Metapher soll zunächst der un-gewöhnliche Gebrauch eines sprachlichen Ausdrucks verstanden werden – also in einer Bedeutung, die in einem Kontext von den Mitgliedern einer Sprachgemeinschaft nicht erwartet wird. Wenn ich behaupte »Heinz ist ein Clown«, gewinnt das Wort »Clown« eine meta-phorische, eine »übertragene« Bedeutung: es meint nicht etwa, daß Heinz beruflich als Clown arbeitet, sondern daß er sich wie ein Clown aufführt; und dieser Sachverhalt hätte sich natürlich auch anders, direkter, ausdrücken lassen. So handelt es sich gewissermaßen um einen »Austausch« semantischer Einheiten, bei dem (in der Terminologie Weinrichs) zu berücksichtigen wären:

a der Bildempfänger (»Heinz«);
b der Bildspender (»Clown«);
c das Tertium comparationis (= dominante Merkmale, die Heinz mit einem Clown gemeinsam hat);
d der Kontext (z. B. sprachliches Umfeld; Intentionen des Sprechers und Erwartungen des Hörers).

Ein derartiger, für uns im Grunde alltäglicher Sprachvorgang wirft allerdings gleich eine Reihe von Fragen auf, welche Linguistik, Psychologie, Soziologie und Kulturgeschichte gleichermaßen berühren. Wegen der Fülle von Erklärungs- und Diskussionsansätzen zu diesem Phänomen seien eingangs einige Anhaltspunkte gegeben, die vor allem bei der Auswertung des theoretischen Materials behilflich sein und dann auch zu weiteren Nachforschungen anregen wollen.

A. Erste Abgrenzungen

In der klassischen Rhetorik (Quintilian, vgl. Text V,2) werden Metaphern zu den Tropen gezählt. Während *Figuren* syntaktische Verhältnisse und Veränderungen betreffen, bewirken *Tropen* (d. h. »Wendungen«) einen semantischen Austausch. Bei Quintilian ist die Metapher ein *verkürzter Vergleich*, bei dem das Tertium comparationis durch das Fehlen einer Vergleichspartikel (z. B. »wie«) nur angedeutet ist und so eine Bedeutungsverschmelzung von Teilbereichen bewirkt wird:

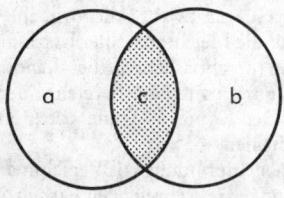

a = Bildempfängerbereich
b = Bildspenderbereich
c = Verschmelzungsbereich
 (Tertium comparationis)

Insofern ist eine metaphorische Wendung auch besonders geeignet, als Element in einem größeren *Bild* aufzugehen, das dann mitunter als eine komplexe Metapher erscheint (vgl. etwa Texte III,2).

Abgrenzen läßt sich die Metapher zudem gegenüber Metonymie und Synekdoche. Eine *Metonymie* ist die Ersetzung eines üblichen Ausdrucks durch einen anderen, der zu ihm in einer »realen« Beziehung steht (kausal, räumlich oder zeitlich).

Beispiele: »Die Bundesregierung hat ein Abwassergesetz beschlossen.« – »Er kaufte einen Ford.« – »Er kennt seinen Goethe.«

Eine *Synekdoche* meint die Ersetzung durch einen semantisch engeren oder weiteren Ausdruck (partikularisierend = pars pro toto: »er verweilte unter meinem Dach«; generalisierend: »die Bundesrepublik gewann die Weltmeisterschaft«).

Manchmal werden als besondere Formen der Metapher genannt:

– die *Personifikation* (Vermenschlichung): »Der Rasen grünt.« »Die Sonne lacht.« Oft der Fall in Sprichwörtern:

11

»Der Krug geht so lange zum Brunnen, bis er bricht.«
»Morgenstund hat Gold im Mund.«
– die *Allegorie* (»bildlicher Ausdruck«): ein »verkörperndes« Sinnbild zur belebt-konkreten Darstellung abstrakter Begriffe, z. B. »Freund Hein«, »Schnitter« oder »Sensenmann« für den Tod.
– das *Symbol* (»Wahrzeichen«, »Erkennungsmerkmal«): bildkräftiges Zeichen, das im Gegensatz zur Allegorie eher verschlüsselt, nur andeutet, auf die Idee hinter einer Erscheinung verweist, z. B. das Kreuz (im christlichen Abendland), Hammer und Sichel (im kommunistischen Bereich), der Becher in Goethes Ballade »Der König in Thule« oder in Hofmannsthals Sonett »Die Beiden«.
– die *Synästhesie* (»Zusammenempfindung«): Verschmelzung von Sinneswahrnehmungen: »schreiende Farben«, »dunkle Töne«.

B. Entwicklungen in der Metapherntheorie

Bei der Metapher handelt es sich also um ein semantisches Phänomen; und dieses existiert in vielfältigen Erscheinungsformen. Auch wurde schon eine erste Schwierigkeit deutlich: In der erwähnten Tradition wird die Metapher vornehmlich unter rhetorischen Aspekten analysiert, also instrumentell gesehen, zudem an die Vorstellung eines Austauschs von Wörtern gebunden. Damit sind jedoch Anwendungs- wie Erklärungsmöglichkeiten künstlich beschränkt. So erscheint es notwendig, Entwicklungen in der Metaphernforschung zu zeigen. Drei Auffassungen oder Ansätze seien hier unterschieden:

1. Der *wortsemantische Ansatz* (Aristoteles, Quintilian)

Die Metapher wird, wie bisher aufgewiesen, als ein Austausch- oder Übertragungsphänomen begriffen. Man könnte deshalb auch von einer Substitutionstheorie sprechen. Diese setzt ein festgefügtes lexikalisches System voraus: ein Wort ist Benennung einer Sache, der Ordnung der Sprache korrespondiert die Ordnung der Dinge, folglich ist die Metapher eine Art »Abweichung«. So spricht Aristoteles von der eigentlichen, geläufigen Bedeutung eines Wortes, die sich in der alltäglichen Redeweise findet. In der poetischen Redeweise dagegen gibt es neue, erweiterte, verkürzte und veränderte Bedeutungen; und neben diesen hat die Metapher, als Übertragung, ihren Platz. Für ihre Verwendung gibt es zweierlei Motive: die ungewöhnliche Wirkung oder den Mangel an Bezeichnungen für eine Sache. Aristoteles und Quintilian sind vor allem bemüht, die Metapher zu definieren und zu klassifizieren. Aristoteles unterscheidet vier Typen nach logischen Kriterien (vgl. Text V,1):

Typus	Beispiel	Erklärung
1 Übertragung von der Gattung auf die Art	Dies Schiff steht mir nun still	Gattung: still stehen Art: vor Anker liegen
2 Übertragung von der Art auf die Gattung	Odysseus hat zehntausend edle Dinge vollbracht	Art: zehntausend Gattung: viele
3 Übertragung von der Art auf die Art	abschneiden mit dauerhaftem Erze	Art: schneiden/abschöpfen Gattung wäre: wegnehmen
4 Übertragung gemäß der Analogie	Abend des Lebens	A : B Alter : Leben wie wie C : D Abend : Tag

Hier werden andere Tropen wie Metonymie (Typ 3) und Synekdoche (Typ 1 und 2) also ebenfalls als Metaphern betrachtet; ähnlich ist der Vergleich bei Aristoteles eine Form der Metapher (und nicht wie bei Quintilian die Metapher eine Form des Vergleichs).
Quintilian geht bei seiner Metapherndefinition stärker von merkmalsemantischen Überlegungen aus. Deshalb orientiert sich seine Einteilung auch an der Opposition »belebt–unbelebt«:

13

Typus der Übertragung	Beispiele
1 Vom Belebten zum Unbelebten	Fuß des Berges, Landzunge, Stuhlbein
2 Vom Unbelebten zum Belebten	Schiff der Wüste, Fingerhut
3 Vom Belebten zum Belebten	Achill war ein Löwe in der Schlacht
4 Vom Unbelebten zum Unbelebten	Flußbett, Fensterbank

Diese Typologie ist indessen, vor allem in der Anwendung auf die Dichtung, nicht unproblematisch.

Der wortsemantische Ansatz, ob bei Aristoteles oder bei Quintilian, beruht auf dem platonischen Gedanken von der Namensfunktion der Wörter und dem Werkzeugcharakter der Sprache. Später hat man, in ähnlichem Sinne und schön metaphorisch, die Sprache als »Kleid der Gedanken« bezeichnet (vgl. Kurz/Pelster 1976, S. 33 f.[1]). Solche Auffassungen kehren im informationstheoretischen Kode-Begriff wieder; und wortsemantische Elemente enthält entsprechend Max Benses Auffassung, daß die Metapher eine Übertragung »aus einem natürlichen (gewohnten, hochfrequenten) Zusammenhang in einen künstlichen (weniger gewohnten, weniger frequenten) Zusammenhang« darstelle (Bense 1969, S. 117).

2. Der *textsemantische Ansatz* (Weinrich, Kallmeyer [u. a.])

In den letzten Jahrzehnten hat sich die Erkenntnis durchgesetzt, daß die Metapher nie als einzelnes und einfaches Wort begriffen werden kann, sondern immer erst in Verbindung mit einem Text realisiert wird. Maßgeblich hierfür war die Analyse von Harald Weinrich (vgl. Text V,5): Jedes Wort wird durch den Kontext, in dem es steht, determiniert, seine

---

1. Zu den Literaturangaben siehe im folgenden Literaturhinweise S. 110.

weitgespannte Bedeutung wird zu einer engumgrenzten Meinung, und der Leser hegt demnach eine bestimmte Determinationserwartung. Diese Erwartung wird jedoch bei der Metapher enttäuscht; so läßt sich ein metaphorischer Prozeß als eine *Konterdetermination* bezeichnen, »weil die tatsächliche Determination des Kontextes gegen die Determinationserwartung des Wortes gerichtet ist«.

Einen Schritt weiter gehen Werner Kallmeyer [u. a.], wenn sie in ihrer textlinguistischen Überlegung die Metapher nicht als ein »Abweichungsphänomen«, sondern als eine Verquickung zweier Geschichten bzw. zweier Isotopieebenen beschreiben (vgl. Text V,6). Eine Isotopieebene liegt dann vor, wenn mehrere Lexeme (= semantische Grundeinheiten) eines Textes über ein dominantes und damit rekurrentes (= wiederkehrendes) Merkmal miteinander verbunden, aufeinander beziehbar sind. In jedem Text finden sich, je nach seiner besonderen Form, eine ganze Reihe solcher Isotopieebenen oder Lexemgruppierungen; sie bestimmen seine Tektonik, und der Leser ist für das Textverstehen auch auf Anschließbarkeiten angewiesen. Bei metaphorischen Prozessen jedoch sind derartige Lexemgruppierungen semantisch inkompatibel (= unverträglich), die Isotopieebenen deutlich voneinander trennbar und außerdem differenzierbar in thematische Ebenen und Projektionsebenen.

3. Der *pragmasemantische Ansatz* (Kurz, Nieraad u. a.)

Sowohl bei Weinrich wie auch bei Kallmeyer war der Leser mitunter schon berücksichtigt. Hier klingen, weiterentwickelt, psychologische Aspekte an, auf die bereits Karl Bühler verwies (vgl. Text V,4). Über die Relevanz und die Entwicklungsmöglichkeiten textlinguistischer Betrachtungsweisen aber läßt sich streiten. Jedenfalls kann von einem pragmasemantischen Ansatz ernsthaft erst dann die Rede sein, wenn die Metapher vorrangig im Anwendungskontext gesehen wird, wenn es also, besser gesagt, um »metaphorischen Sprachgebrauch« geht. Es wäre also zunächst mit Wittgenstein zu bedenken, daß Wörter keine isolierbaren Bedeutungen haben, sondern daß erst im Gebrauch deutlich wird, was sie meinen, und daß sie ferner Teil einer Lebensform sind (Ludwig Wittgenstein: Philosophische Untersuchungen, § 43 und § 23). Insofern appellieren alle Wörter, auch Metaphern, »an eine gemeinsame kulturelle und lebenspraktische Erfahrung zwischen Sprecher und Hörer, die der Hörer einlösen muß« (Kurz/Pelster 1976, S. 55). Ferner gilt es zu berücksichtigen, daß Metaphern, konkret gebraucht, in einer ganz bestimmten Weise unser Verständnis von einem Sachverhalt organisieren und daß sie folglich als »Handlungsanweisungen« aufgefaßt werden können (vgl. Nieraad, Text V,9), abhängig jeweils von den Intentionen eines Sprechers und den Erwartungen eines Hörers. Gewiß spielt dabei eine Rolle, daß Metaphern überraschen, verfremden, eine besondere »perspektivische Tiefendimension« eröffnen (Kurz/Pelster 1976, S. 73) und, wie Eberhard Jüngel formuliert, »Ereignisse unmittelbaren Lernens« sind (Text V,8). Metaphorizität ist aber dann nicht primär eine Eigenschaft isolierter sprachlicher Einheiten, sondern »eine Funktion der Verwendung eines einfachen oder komplexen Ausdrucks in einem Text und eine Funkion der Verwendung dieses Textes in einer Situation« (Nieraad 1977, S. 77). Das heißt zugleich: Metapherngebrauch ist keineswegs auf die poetische Rede oder Textsorten mit appellativem Charakter (Werbung, Propaganda) beschränkt, sondern er äußert sich in allen möglichen sprachlichen Zusammenhängen. Damit ist Metaphorik nicht mehr als Abweichung vom normalen Sprachgebrauch oder als »uneigentliche« Rede anzusehen, sondern eher als ein »konstitutives Prinzip der Sprache« (Nieraad 1977, S. 5), als ein heuristisch (= erkenntnismäßig) wie kommunikativ übliches, sogar notwendiges Verfahren: »Wir verwenden permanent Metaphern. Es ist gar nicht so einfach, einen Satz zu äußern, der ganz wörtlich gemeint ist. Metaphorischer Sprachgebrauch ist keine Ausnahmeerscheinung, sondern eine genuine Ausdrucksform und ein genuines Organisationsmuster der Alltagssprache und natürlicher Sprachen überhaupt« (Kurz/Pelster 1976, S. 64).

C. *Erscheinungsformen und Funktionen der Metapher*

1. Genau betrachtet steckt hinter jedem gebräuchlichen Wort »ein ganz anderes, das wiederum weitere Bedeutungen spiegelt« (Messelken 1976, S. 9); man braucht nur etwa an »begreifen« (= mit dem Verstande »erfassen«, »ertasten«) oder an »Sinn« (mit der althochdeutschen Grundbedeutung »Gang«, »Weg« = übertragen »Weg der Gedanken«) zu erinnern. Messelken spricht deshalb von einer latenten (verborgenen) Metaphorik und stellt sie der virulenten (aktuellen, kreativen) gegenüber (Messelken 1976, S. 11 f.).

Mit dieser Überlegung, die natürlich wort- und merkmalsemantisch orientiert ist, kommt zunächst die wichtige sprachhistorische Perspektive ins Spiel: ursprünglich aktuell-kreative Metaphern werden mit der Zeit konventionell, lexikalisiert; sie verlieren ihre bildhafte Funktion. Insofern bezeichnete Jean Paul mit Recht jede Sprache als ein »Wörterbuch erblaßter Metaphern« (*Vorschule der Ästhetik*, 1804). Und es ist mit Messelken gewiß zu bedauern, daß etymologische Forschungen zu diesem »semantischen Korallenriff« in den letzten Jahren stark zurückgingen; denn sie könnten »wichtige Rückschlüsse auf Sprachentwicklung und diejenigen Bewußtseinsprozesse erlauben, die all das betreffen, was beim Sprechen mitschwingt, was zwischen den Zeilen steht, ohne jemals ausformuliert zu werden« (Messelken 1976, S. 9). Außerdem wird hier aber noch eine erste grobe Einteilungsmöglichkeit angedeutet, die über die Unterscheidung von Formen oder »metaphorischen Gestalten« hinausgeht, wie sie z. B. Werner Ingendahl unternommen hat (1971, S. 31 ff.): er nennt dort die Metapher als Wort (Wortarten, Wortartwechsel), die Metapher als Wort im Satz (Substantivmetapher, Verbmetapher, Adjektivmetapher) und die Metapher im Satz (Redensarten). Gedacht ist als Kriterium an den Grad der Metaphorizität, der auch den Typologien von Kallmeyer [u. a.] (S. 174 ff.) und Kurz (S. 57 ff.) zugrunde liegt; sie seien hier übersichtlich zusammengefaßt:

Typus	Beispiele
1 kreative (spontane, innovative) Metaphern	»die Ranke häkelt am Strauche« (Annette von Droste-Hülshoff)
2 konventionelle Metaphern (Klischees)	die Stürme des Schicksals, goldiges Kind
3 Exmetaphern (lexikalisierte Metaphern)	Flaschenhals, Tischbein, Schraubenmutter, Atompilz; etwas auf dem Kerbholz haben, eine Rolle spielen, Schützenhilfe leisten
4 Remetaphorisierungen (Aktivierung eines Bildes durch Abwandlung)	»Ich spreche im Slang aller Tage, derer noch nicht Abend ist.« (Günter Kunert). »Lügen haben lange Bänke« (Werbeslogan).

Konventionelle Metaphern finden sich vielfach in Unterhaltungs- und Trivialliteratur, Exmetaphern in Fachsprachen und Redensarten. Zu den kreativen Metaphern zählen poetische Bilder, vor allem die von Weinrich so genannte »kühne Metapher« (»Schwarze Milch der Frühe«, Paul Celan) mit ihrer gewagten, oft antithetischen Fügung und die »absolute Metapher« (Hugo Friedrich, vgl. Text V,7), die als Ausdrucksform gerade moderner Lyrik keine Bildempfängerebene mehr erkennen läßt und den Leser über eine solche Chiffrierung (= Verschlüsselung) auffordert, selber nach Sinn zu suchen.

Maßgeblich für den Grad an Metaphorizität ist allerdings neben der Häufigkeit des Gebrauchs und der Herkunft, die sich sprachgeschichtlich aufhellen läßt, noch das gruppenspezifisch unterschiedliche Sprach- und metaphorische Bewußtsein von Sprecher und Hörer (vgl. Text V,10). Gerade weil bei Metaphern Konnotationen (= emotional und sozial bedingte Nebenbedeutungen) eine Rolle spielen, werden Sprachbilder unterschiedlich realisiert und interpretiert.

2. Wenn man in pragmatischem Zusammenhang an mögliche Funktionen der Metapher denkt, wird man von ihrer führenden und zugleich von ihrer verführenden Wirkung sprechen müssen. Denn sie vermag sowohl informative als auch persuasive Absichten zu unterstützen. Der informative Charakter erhellt aus der »selektiven Wirkung der Sphärendeckung«, wie sie Karl Bühler beschreibt (Text V,4) und die als semantische Reduktion bezeichnet werden kann. Er ergibt sich weiter aus der eigentümlich »präzisierenden Redeweise« der Metapher dadurch, daß sie Neues an einem Sachverhalt zur Sprache und so eine besondere »Anrede« zum Ausdruck bringt (Jüngel, Text V,8). Damit ist jedoch schon die Möglichkeit der Persuasion angedeutet, der affektiven Beeinflussung gerade über die Fülle und Vagheit der erweckten Assoziationen, so daß hier von einer pragmasemantischen Expansion gesprochen werden kann.

Für die beiden extremen Möglichkeiten wegweisend ist bereits die Projektionsrichtung, die mit den sprachlichen Strukturen zusammenhängt. So unterscheidet Gerhard Kurz (Kurz/Pelster 1976, S. 79)

- prädikative Metaphern (»Die Wiese grinst«);
- attributive Metaphern (»Die kristallenen Weiden des Rehs«, Georg Trakl);
- Appositionsmetaphern (»Und dein Schweigen, ein Stein« (Johannes Bobrowski);
- Genitivmetaphern (»die Forelle des Lichts«, Karl Krolow);
- Kompositionsmetaphern (»Zitronenmond«, Oskar Loerke).

Sprachliche Strukturen müßten jedoch immer in Beziehung gesetzt werden zu Textstrategien, Intentionen, zeitbedingten Erwartungen etc., so daß es angebracht erscheint, Gebrauchsweisen und Funktionen der Metapher offener zu charakterisieren und dabei zugleich die innovative Kraft sowie die Erstarrungstendenz der Sprache zu zeigen. Dies hat kürzlich Walter Seifert (1980, S. 129 ff.) versucht; er berücksichtigt auch besondere Bildfelder oder Metaphernzentren, die bisher in unserer Betrachtung noch fehlten. Ich fasse seine Ergebnisse übersichtlich zusammen:

Funktion	Erklärung
1 innersprachliche Funktion	Mittel, um mit einer begrenzten Zahl von Sprachelementen eine unbegrenzte Zahl von Kombinationen mit immer neuen Bedeutungdifferenzierungen hervorzubringen
2 Prädikationsfunktion	Erfassen der Realität durch Modellbildung und Analogiebeziehungen
3 heuristische Funktion	Erzielen eines Sinnüberschusses, der auslegungsbedürftig ist
4 affektiv-emotionale Funktion	Ausrichtung auf intuitive Erfahrung von Gefühlsnuancen sowie auf die Formulierung komplexer Gefühlszustände (mit Hilfe eines Sinnüberschusses in Bildkombinationen)
5 soziale Funktion	Bildung von festen, kulturell tradierten Bildfeldern, die einen sprachlichen Sozialisationsrahmen darstellen
6 rhetorische bzw. manipulative Funktion	Beeinflussung von Adressatengruppen in bestimmter Absicht (in öffentlicher Kommunikation und Argumentation)
7 ästhetische Funktion	Ausdruck gesteigerter Innovation und künstlerischer Einmaligkeit; umfaßt alle vorher genannten Funktionen

Goethe

A. Lyrik

1. Schiffahrtsmetapher

a) Andreas Gryphius: An die Welt

Mein oft bestürmtes Schiff, der grimmen Winde Spiel,
Der frechen Wellen Ball, das schier die Flut getrennet,
Das wie ein schneller Pfeil nach seinem Ziele rennet,
Kommt vor der Zeit an Port, den meine Seele will.

Oft, wenn uns schwarze Nacht im Mittag überfiel,
Hat der geschwinde Blitz die Segel schier verbrennet.
Wie oft hab ich den Wind und Nord und Süd verkennet!
Wie schadhaft ist Spriet, Mast, Steur, Ruder, Schwert und
                                 Kiel!

Steig aus, du müder Geist, steig aus, wir sind am Lande.
Was graut dir für dem Port? Jetzt wirst du aller Bande
Und Angst und herber Pein und schwerer Schmerzen los.

Ade, verfluchte Welt, du See voll rauher Stürme!
Glück zu, mein Vaterland, das stete Ruh im Schirme
Und Schutz und Frieden hält, du ewig lichtes Schloß!

b) Johann Wolfgang Goethe: Seefahrt

Lange Tag' und Nächte stand mein Schiff befrachtet;
Günst'ger Winde harrend, saß mit treuen Freunden,
Mir Geduld und guten Mut erzechend,
Ich im Hafen.

Und sie waren doppelt ungeduldig:
Gerne gönnen wir die schnellste Reise,

Gern die hohe Fahrt dir; Güterfülle
Wartet drüben in den Welten deiner,
Wird Rückkehrendem in unsern Armen
Lieb' und Preis dir.

Und am frühen Morgen ward's Getümmel,
Und dem Schlaf entjauchzt uns der Matrose,
Alles wimmelt, alles lebet, webet,
Mit dem ersten Segenshauch zu schiffen.

Und die Segel blühen in dem Hauche,
Und die Sonne lockt mit Feuerliebe;
Ziehn die Segel, ziehn die hohen Wolken,
Jauchzen an dem Ufer alle Freunde
Hoffnungslieder nach, im Freudentaumel
Reisefreuden wähnend, wie des Einschiffsmorgens,
Wie der ersten hohen Sternennächte.

Aber gottgesandte Wechselwinde treiben
Seitwärts ihn der vorgesteckten Fahrt ab,
Und er scheint sich ihnen hinzugeben,
Strebet leise sie zu überlisten,
Treu dem Zweck auch auf dem schiefen Wege.

Aber aus der dumpfen grauen Ferne
Kündet leisewandelnd sich der Sturm an,
Drückt die Vögel nieder aufs Gewässer,
Drückt der Menschen schwellend Herz darnieder,
Und er kommt. Vor seinem starren Wüten
Streckt der Schiffer weis' die Segel nieder,
Mit dem angsterfüllten Balle spielen
Wind und Wellen.

Und an jenem Ufer drüben stehen
Freund' und Lieben, beben auf dem Festen:
Ach, warum ist er nicht hier geblieben!
Ach, der Sturm! Verschlagen weg vom Glücke!

Soll der Gute in ihr Grimme gehen?
Ach er sollte dich mit seiner Große

Doch er stehet männlich an dem Steuer;
Mit dem Schiffe spielen Wind und Wellen;
Wind und Wellen nicht mit seinem Herzen:
Herrschend blickt er auf die grimme Tiefe,
Und vertrauet, scheiternd oder landend,
Seinen Göttern.

2. Allegorisches und metaphorisches Gedicht

a) Andreas Gryphius: Abend

Der schnelle Tag ist hin; die Nacht schwingt ihre Fahn
Und führt die Sterne auf. Der Menschen müde Scharen
Verlassen Feld und Werk; wo Tier und Vögel waren,
Traurt itzt die Einsamkeit. Wie ist die Zeit vertan!

Der Port naht mehr und mehr sich zu der Glieder Kahn.
Gleichwie dies Licht verfiel, so wird in wenig Jahren
Ich, du und was man hat und was man sieht, hinfahren.
Dies Leben kommt mir vor als eine Rennebahn.

Laß, höchster Gott, mich doch nicht auf dem Laufplatz
                              gleiten,
Laß mich nicht Ach, nicht Pracht, nicht Lust, nicht Angst
                              verleiten,
Dein ewig heller Glanz sei vor und neben mir!

Laß, wenn der müde Leib entschläft, die Seele wachen,
Und wenn der letzte Tag wird mit mir Abend machen,
So reiß mich aus dem Tal der Finsternis zu Dir!

b) Georg Trakl: Verfall

Am Abend, wenn die Glocken Frieden läuten,
Folg ich der Vögel wundervollen Flügen,
Die lang geschart, gleich frommen Pilgerzügen,
Entschwinden in den herbstlich klaren Weiten.

Hinwandelnd durch den dämmervollen Garten
Träum ich nach ihren helleren Geschicken
Und fühl der Stunden Weiser kaum mehr rücken.
So folg ich über Wolken ihren Fahrten.

Da macht ein Hauch mich von Verfall erzittern.
Die Amsel klagt in den entlaubten Zweigen.
Es schwankt der rote Wein an rostigen Gittern,

Indes wie blasser Kinder Todesreigen
Um dunkle Brunnenränder, die verwittern,
Im Wind sich fröstelnd blaue Astern neigen.

3. Motivvergleich »Nacht«

a) Joseph von Eichendorff: Mondnacht

Es war, als hätt' der Himmel
Die Erde still geküßt,
Daß sie im Blütenschimmer
Von ihm nun träumen müßt'.

Die Luft ging durch die Felder,
Die Ähren wogten sacht,
Es rauschten leis die Wälder,
So sternklar war die Nacht.

Und meine Seele spannte
Weit ihre Flügel aus,

Flog du[...]
Als flöge sie nach Haus.

b) Friedrich Hebbel: Nachtlied

Quellende, schwellende Nacht,
  Voll von Lichtern und Sternen:
  In den ewigen Fernen,
Sage, was ist da erwacht!

Herz in der Brust wird beengt,
  Steigendes, neigendes Leben,
  Riesenhaft fühle ich's weben,
Welches das meine verdrängt.

Schlaf, da nahst du dich leis
  Wie dem Kinde die Amme,
  Und um die dürftige Flamme
Ziehst du den schützenden Kreis.

c) Günter Eich: Nacht in der Kaserne

Teerdunkle Nacht, Traum bei geöffneten Lidern.
Genagelte Stiefel hallen in Fliesengängen
Und in den öden Kammern des Herzens wider,
Wo sich Kommandos und Trauer sinnlos vermengen,

Wo der Geruch von Schweiß und ungelüfteten Spinden
Übers Geweb des Gefühls wie mit Schimmel wächst.
Schlafdunkle Nacht, oh deine Tiefe zu finden,
Wo du die Lider über die Schweigenden deckst!

d) Paul Celan: Nacht

Kies und Geröll. Und ein Scherbenton, dünn,
als Zuspruch der Stunde.

Augentausch, endlich, zur Unzeit:
bildbeständig,
verholzt
die Netzhaut –:
das Ewigkeitszeichen.

Denkbar:
droben, im Weltgestänge,
sterngleich,
das Rot zweier Münder.

Hörbar (vor Morgen?): ein Stein,
der den andern zum Ziel nahm.

4. Politische Lyrik

a) Yaak Karsunke: konzertierte aktion

weiterhin spielt kapital
die erste geige
politiker stoßen ins horn
die unternehmer
haun auf die pauke
daß vom schellenbaum klirrend
der sozialklimbim abfällt
(den arbeitern bringt man
die flötentöne noch bei)

wann endlich
wird das publikum pfeifen?

26

ihr glaubt zu essen
aber das ist kein fleisch
womit sie euch füttern
das ist köder, das schmeckt süß
(vielleicht vergessen die angler
die schnur, vielleicht
haben sie ein gelübde getan,
in zukunft zu fasten?)

der haken schmeckt nicht nach biscuit
er schmeckt nach blut
er reißt euch aus der lauen brühe:
wie kalt ist die luft an der beresina!
ihr werdet euch wälzen
auf einem fremden sand
einem fremden eis:
grönland, nevada, fest-
krallen sich eure glieder
im fell der nubischen wüste.

sorgt euch nicht! gutes gedächtnis
ziert die angler, alte erfahrung.
sie tragen zu euch die liebe
des metzgers zu seiner sau.

sie sitzen geduldig am rhein,
am potomac, an der beresina,
an den flüssen der welt.
sie weiden euch. sie warten.

ihr schlagt euch das gebiß in die hälse.
euch vor dem hunger fürchtend
kämpft ihr um den tödlichen köder.

B. Drama

Aus Dramen mit sozialer Fragestellung:

5. Friedrich Schiller: Kabale und Liebe (aus I,3)

M i l l e r *(beugt sich gerührt an die Lehne des Stuhls und bedeckt das Gesicht).* Höre, Luise – Das bissel Bodensatz meiner Jahre, ich gäb' es hin, hättest du den Major nie gesehen.

L u i s e *(erschrocken).* Was sagt Er da? Was? – Nein! er meint es anders, der gute Vater. Er wird nicht wissen, daß Ferdinand mein ist, mir geschaffen, mir zur Freude vom Vater der Liebenden. *(Sie steht nachdenkend.)* Als ich ihn das erstemal sah – *(rascher)* und mir das Blut in die Wangen stieg, froher jagten alle Pulse, jede Wallung sprach, jeder Atem lispelte: Er ist's! – und mein Herz den Immermangelnden erkannte, bekräftigte: Er ist's! und wie das widerklang durch die ganze mitfreuende Welt. Damals – o damals ging in meiner Seele der erste Morgen auf. Tausend junge Gefühle schossen aus meinem Herzen, wie die Blumen aus dem Erdreich, wenn's Frühling wird. Ich sah keine Welt mehr, und doch besinn ich mich, daß sie niemals so schön war. Ich wußte von keinem Gott mehr, und doch hatt' ich ihn nie so geliebt.

M i l l e r *(eilt auf sie zu, drückt sie wider seine Brust).* Luise – teures – herrliches Kind – Nimm meinen alten mürben Kopf – nimm alles – alles! – der Major – Gott ist mein Zeuge – ich kann dir ihn nimmer geben. *(Er geht ab.)*

L u i s e. Auch will ich ihn ja jetzt nicht, mein Vater. Dieser karge Tautropfe Zeit – schon ein Traum von Ferdinand trinkt ihn wollüstig auf. Ich entsag ihm für dieses Leben. Dann, Mutter – dann, wenn die Schranken des Unterschieds einstürzen – wenn von uns abspringen all die verhaßte Hülsen des Standes – Menschen nur Menschen sind – Ich bringe nichts mit mir als meine Unschuld, aber der Vater hat ja so oft gesagt, daß der Schmuck und die prächtigen Titel wohlfeil werden, wenn Gott kommt, und die Herzen im Preise steigen. Ich werde dann reich sein. Dort rechnet man Tränen für Triumphe und schöne Gedanken für Ahnen an. Ich werde dann vornehm sein, Mutter – Was hätte er dann noch für seinem Mädchen voraus?

6. Georg Büchner: Dantons Tod (aus IV,3)

D a n t o n. Will denn die Uhr nicht ruhen? Mit jedem Picken schiebt sie die Wände enger um mich, bis sie so eng sind wie ein Sarg. – Ich las einmal als Kind so 'ne Geschichte, die Haare standen mir zu Berg.

Ja, als Kind! Das war der Mühe wert, mich so groß zu füttern und mich warm zu halten. Bloß Arbeit für den Totengräber!

Es ist mir, als röch' ich schon. Mein lieber Leib, ich will mir die Nase zuhalten und mir einbilden, du seist ein Frauenzimmer, was vom Tanzen schwitzt und stinkt, und dir Artigkeiten sagen. Wir haben uns sonst schon mehr miteinander die Zeit vertrieben.

Morgen bist du eine zerbrochene Fiedel; die Melodie darauf ist ausgespielt. Morgen bist du eine leere Bouteille; der Wein ist ausgetrunken, aber ich habe keinen Rausch davon und gehe nüchtern zu Bett – das sind glückliche Leute, die sich noch besaufen können. Morgen bist du eine durchgerutschte Hose; du wirst in die Garderobe geworfen, und die Motten werden dich fressen, du magst stinken, wie du willst.

Ach, das hilft nichts! Jawohl, es ist so elend, sterben müssen. Der Tod äfft die Geburt; beim Sterben sind wir so hilflos und nackt wie neugeborne Kinder. Freilich, wir bekommen das Leichentuch zur Windel. Was wird es helfen? Wir können im Grab so gut wimmern wie in der Wiege.

Camille! Er schläft; *(indem er sich über ihn bückt:)* ein
Traum spielt zwischen seinen Wimpern. Ich will den
goldnen Tau des Schlafes ihm nicht von den Augen
streifen.
(Er erhebt sich und tritt ans Fenster.) Ich werde nicht
allein gehn: ich danke dir, Julie! doch hätte ich anders
sterben mögen, so ganz mühelos, so wie ein Stern fällt,
wie ein Ton sich selbst aushaucht, sich mit den eignen
Lippen totküßt, wie ein Lichtstrahl in klaren Fluten sich
begräbt. – Wie schimmernde Tränen sind die Sterne
durch die Nacht gesprengt; es muß ein großer Jammer in
dem Aug' sein, von dem sie abträufelten.

7. Bertolt Brecht: Mutter Courage und ihre Kinder
(4. Bild, Schluß)

Junger Soldat. So, das will ich sehn, ob ich ihn nicht
zerhack. *(Er zieht sein Schwert.)* Wenn er kommt, zerhack ich ihn.
Der Schreiber *(guckt heraus)*. Der Herr Rittmeister
kommt gleich. Hinsetzen.
(Der junge Soldat setzt sich hin.)
Mutter Courage. Er sitzt schon. Sehn Sie, was hab ich
gesagt. Sie sitzen schon. Ja, die kennen sich aus in uns
und wissen, wie sies machen müssen. Hinsetzen! und
schon sitzen wir. Und im Sitzen gibts kein Aufruhr.
Stehen Sie lieber nicht wieder auf, so wie Sie vorhin
gestanden haben, stehen Sie jetzt nicht wieder. Vor mir
müssen Sie sich nicht genieren, ich bin nicht besser, was
nicht gar. Uns haben sie allen unsre Schneid abgekauft.
Warum, wenn ich aufmuck, möchts das Geschäft schädi-
gen. Ich werd Ihnen was erzähln von der Großen Kapitu-
lation. *(Sie singt das »Lied von der Großen Kapitula-
tion«.)*

Einst, im Lenze meiner jungen Jahre
Dacht auch ich, daß ich was ganz Besondres bin.
(Nicht wie jede beliebige Häuslertochter, mit meinem
Aussehn und Talent und meinem Drang nach Höherem!)
Und bestellte meine Suppe ohne Haare
Und von mir, sie hatten kein Gewinn.
(Alles oder nix, jedenfalls nicht den Nächstbesten, jeder
ist seines Glückes Schmied, ich laß mir keine Vorschriften
machen!)
Doch vom Dach ein Star
Pfiff: wart paar Jahr!
   Und du marschierst in der Kapell
   Im Gleichschritt, langsam oder schnell
   Und bläsest deinen kleinen Ton:
   Jetzt kommt er schon.
   Und jetzt: das Ganze schwenkt!
   Der Mensch denkt: Gott lenkt –
   Keine Red davon!

Und bevor ein Jahr war abgefahren
Lernte ich zu schlucken meine Medizin.
(Zwei Kinder aufm Hals und bei dem Brotpreis und was
alles verlangt wird!)
Als sie einmal mit mir fix und fertig waren
Hatten sie mich auf dem Arsch und auf den Knien.
(Man muß sich stelln mit den Leuten, eine Hand wäscht
die andre, mit dem Kopf kann man nicht durch die
Wand.)
Und vom Dach der Star
Pfiff: noch kein Jahr!
   Und sie marschiert in der Kapell
   Im Gleichschritt, langsam oder schnell
   Und bläset ihren kleinen Ton:
   Jetzt kommt er schon.
   Und jetzt: das Ganze schwenkt!
   Der Mensch denkt: Gott lenkt –
   Keine Red davon!

Viele sah ich schon den Himmel stürmen
Und kein Stern war ihnen groß und weit genug.
(Der Tüchtige schafft es, wo ein Wille ist, ist ein Weg, wir
werden den Laden schon schmeißen.)
Doch sie fühlten bald beim Berg-auf-Berge-Türmen
Wie doch schwer man schon an einem Strohhut trug.
(Man muß sich nach der Decke strecken!)
Und vom Dach der Star
Pfeift: wart paar Jahr!
    Und sie marschiern in der Kapell
    Im Gleichschritt, langsam oder schnell
    Und blasen ihren kleinen Ton:
    Jetzt kommt er schon.
    Und jetzt: das Ganze schwenkt!
    Der Mensch denkt: Gott lenkt –
    Keine Red davon!

(Mutter Courage zu dem jungen Soldaten.) Darum denk
ich, du solltest dableiben mitn offnen Schwert, wenns dir
wirklich danach ist und dein Zorn ist groß genug, denn
du hast einen guten Grund, das geb ich zu, aber wenn
dein Zorn ein kurzer ist, geh lieber gleich weg!

Junger Soldat. Leck mich am Arsch! *(Er stolpert weg,
der ältere Soldat ihm nach.)*

Der Schreiber *(steckt den Kopf heraus)*. Der Rittmeister
ist gekommen. Jetzt können Sie sich beschweren.

Mutter Courage. Ich habs mir anders überlegt. Ich
beschwer mich nicht. *(Ab.)*

C. Epik

8. Ausdruck von Gefühlen

a) Johann Wolfgang Goethe:
Die Leiden des jungen Werthers

Ein Strom von Tränen, der aus Lottens Augen brach und ihrem gepreßten Herzen Luft machte, hemmte Werthers Gesang. Er warf das Papier hin, faßte ihre Hand und weinte die bittersten Tränen. Lotte ruhte auf der andern und verbarg ihre Augen ins Schnupftuch. Die Bewegung beider war fürchterlich. Sie fühlten ihr eigenes Elend in dem Schicksale der Edlen, fühlten es zusammen, und ihre Tränen vereinigten sie. Die Lippen und Augen Werthers glühten an Lottens Arme; ein Schauer überfiel sie; sie wollte sich entfernen und Schmerz und Anteil lagen betäubend wie Blei auf ihr. Sie atmete, sich zu erholen, und bat ihn schluchzend, fortzufahren, bat mit der ganzen Stimme des Himmels! Werther zitterte, sein Herz wollte bersten, er hob das Blatt auf und las halb gebrochen.

»Warum weckst du mich, Frühlingsluft? Du buhlst und sprichst: Ich betaue mit Tropfen des Himmels! Aber die Zeit meines Welkens ist nahe, nahe der Sturm, der meine Blätter herabstört! Morgen wird der Wanderer kommen, kommen der mich sah in meiner Schönheit; ringsum wird sein Auge im Felde mich suchen und wird mich nicht finden. –«

Die ganze Gewalt dieser Worte fiel über den Unglücklichen. Er warf sich vor Lotten nieder in der vollen Verzweiflung, faßte ihre Hände, drückte sie in seine Augen, wider seine Stirn, und ihr schien eine Ahnung seines schrecklichen Vorhabens durch die Seele zu fliegen. Ihre Sinne verwirrten sich, sie drückte seine Hände, drückte sie wider ihre Brust, neigte sich mit einer wehmütigen Bewegung zu ihm, und ihre glühenden Wangen berührten sich. Die Welt verging ihnen. Er schlang seine Arme um sie her, preßte sie an seine Brust und deckte ihre zitternden, stammelnden Lippen mit wütenden Küssen. – Werther! rief sie mit erstickter Stimme, sich abwendend, Werther! – und drückte mit schwacher Hand seine Brust von der ihrigen; – Werther! rief sie mit dem gefaßten Tone des edelsten Gefühles. – Er widerstand nicht, ließ sie aus seinen Armen und warf sich unsinnig vor sie hin.

b) Ulrich Plenzdorf: Die neuen Leiden des jungen W.

Als wir an einer Insel vorbeirauschten, wurde Charlie unruhig. Sie mußte mal. Ich verstand das. Wenn es regnet, geht einem das so. Ich suchte eine Lücke im Schilf. Zum Glück gab es davon massenweise. Eigentlich mehr Lücken als Schilf. Es goß immer noch wie aus Eimern. Wir jumpten an Land. Charlie verkrümelte sich irgendwohin. Als sie zurück war, hockten wir uns unter die Pelerine in das klitschnasse Gras von dieser Insel. Kann aber auch sein, es war nur eine Halbinsel. Ich bin da nie wieder hingekommen. Da fragte mich Charlie: Willst du einen Kuß von mir?
Leute, ich wurde nicht wieder. Ich fing an zu zittern. Charlie hatte noch immer diese Wut auf Dieter, das sah ich genau. Trotzdem küßte ich sie. Ihr Gesicht roch wie Wäsche, die lange auf der Bleiche gewesen ist. Ihr Mund war eiskalt, wahrscheinlich alles von diesem Regen. Ich ließ sie dann einfach nicht mehr los. Sie riß die Augen auf, aber ich ließ sie nicht mehr los. Es wäre auch nicht anders gegangen. Sie war wirklich naß bis auf die Haut, die ganzen Beine und alles.
In irgendeinem Buch hab ich mal gelesen, wie ein Neger, also ein Afrikaner, nach Europa kommt und wie er seine erste weiße Frau kriegt. Er fängt dabei an zu singen, irgendeinen Song von sich zu Hause. Ich stieg sofort aus. Es war vielleicht einer meiner größten Fehler, gleich auszusteigen, wenn ich was nicht kannte. Bei Charlie hätte ich wirklich singen können. Ich weiß nicht, wer das kennt, Leute. Ich war nicht mehr zu retten.

9. Charakteristik von Personen und Verhältnissen

a) Max Frisch: Homo faber

Vor vierundzwanzig Stunden (es kam mir wie eine Jugenderinnerung vor!) saßen wir noch auf Akrokorinth, Sabeth und ich, um den Sonnenaufgang zu erwarten. Ich werde es nie vergessen! Wir sind von Patras gekommen und in Korinth ausgestiegen, um die sieben Säulen eines Tempels zu besichtigen, dann Abendessen in einem Guest-House in der Nähe. Sonst ist Korinth ja ein Hühnerdorf. Als sich herausstellte, daß es keine Zimmer gibt, dämmert es bereits; Sabeth fand es eine Glanzidee von mir, einfach weiterzuwandern in die Nacht hinaus und unter einem Feigenbaum zu schlafen. Eigentlich habe ich's als Spaß gemeint, aber da Sabeth es eine Glanzidee findet, ziehen wir wirklich los, um einen Feigenbaum zu finden, einfach querfeldein. Dann das Gebell von Hirtenhunden, Alarm ringsum, die Herden in der Nacht; es müssen ziemliche Bestien sein, nach ihrem Gekläff zu schließen, und in der Höhe, wohin sie uns treiben, gibt es keine Feigenbäume mehr, nur Disteln, dazu Wind. Von Schlafen keine Rede! Ich habe ja nicht gedacht, daß die Nacht in Griechenland so kalt sein würde, eine Nacht im Juni, geradezu naß. Und dazu keine Ahnung, wohin er uns führen wird, ein Saumpfad zwischen Felsen hinauf, steinig, staubig, daher im Mondlicht weiß wie Gips. Sabeth findet: Wie Schnee! Wir einigen uns: Wie Joghurt! Dazu die schwarzen Felsen über uns: Wie Kohle! finde ich, aber Sabeth findet wieder irgendetwas anderes, und so unterhalten wir uns auf dem Weg, der immer höher führt. Das Wiehern eines Esels in der Nacht: Wie der erste Versuch auf einem Cello! findet Sabeth, ich finde: Wie eine ungeschmierte Bremse! Sonst Totenstille; die Hunde sind endlich verstummt, seit sie unsere Schritte nicht mehr hören. Die weißen Hütten von Korinth: Wie wenn man eine Dose mit Würfelzucker ausgeleert hat! Ich finde etwas anderes, bloß um unser Spiel weiterzumachen. Eine letzte schwarze

Zypresse: Wie ein Ausrufzeichen! findet Sabeth, ich bestreite es; Ausrufzeichen haben ihre Spitze nicht oben, sondern unten. Wir sind die ganze Nacht gewandert. Ohne einen Menschen zu treffen. Einmal erschreckt uns Gebimmel einer Ziege, dann wieder Stille über schwarzen Hängen, die nach Pfefferminz duften, Stille mit Herzklopfen und Durst, nichts als Wind in trockenen Gräsern: Wie wenn man Seide reißt! findet Sabeth, ich muß mich besinnen, und oft fällt mir überhaupt nichts ein, dann ist das ein Punkt für Sabeth, laut Spielregel. Sabeth weiß fast immer etwas. Türme und Zinnen einer mittelalterlichen Bastion: Wie Kulissen in der Opéra! Wir gehen durch Tore und Tore, nirgends ein Geräusch von Wasser, wir hören das Echo unsrer Schritte an den türkischen Mauern, sonst Totenstille, sobald wir stehen. Unsere Mondschatten: Wie Scherenschnitte! findet Sabeth. Wir spielen stets auf einundzwanzig Punkte, wie beim Pingpong, dann ein neues Spiel, bis wir plötzlich, noch mitten in der Nacht, oben auf dem Berg sind. Unser Komet ist nicht mehr zu sehen. In der Ferne das Meer: Wie Zinkblech! finde ich, während Sabeth findet, es sei kalt, aber trotzdem eine Glanzidee, einmal nicht im Hotel zu übernachten. Es ist ihre erste Nacht im Freien gewesen. Sabeth in meinem Arm, während wir auf den Sonnenaufgang warten, schlottert. Vor Sonnenaufgang ist es ja am kältesten. Dann rauchen wir zusammen noch unsere letzte Zigarette; vom kommenden Tag, der für Sabeth die Heimkehr bedeuten sollte, haben wir kein Wort gesprochen. Gegen fünf Uhr das erste Dämmerlicht: Wie Porzellan! Von Minute zu Minute wird es heller, das Meer und der Himmel, nicht die Erde; man sieht, wo Athen liegen muß, die schwarzen Inseln in hellen Buchten, es scheiden sich Wasser und Land, ein paar kleine Morgenwolken darüber: Wie Quasten mit Rosa-Puder! findet Sabeth, ich finde nichts und verliere wieder einen Punkt. 19:9 für Sabeth! Die Luft um diese Stunde: Wie Herbstzeitlosen! Ich finde: Wie Cellophan mit nichts dahinter. Dann erkennt man bereits die Brandung an den Küsten: Wie Bierschaum! Sabeth findet: Wie eine Rüsche!! Ich nehme meinen Bierschaum zurück, ich finde: Wie Glaswolle! Aber Sabeth weiß nicht, was Glaswolle ist – und dann die ersten Strahlen aus dem Meer: Wie eine Garbe, wie Speere, wie Sprünge in einem Glas, wie eine Monstranz, wie Fotos von Elektronen-Beschießungen. Für jede Runde zählt aber nur ein einziger Punkt; es erübrigt sich, ein halbes Dutzend von Vergleichen anzumelden, kurz darauf ist die Sonne schon aufgegangen, blendend: Wie der erste Anstich in einem Hochofen! finde ich, während Sabeth schweigt und ihrerseits einen Punkt verliert ... Ich werde nie vergessen, wie sie auf diesem Felsen sitzt, ihre Augen geschlossen, wie sie schweigt und sich von der Sonne bescheinen läßt. Sie sei glücklich, sagt sie, und ich werde nie vergessen: das Meer, das zusehends dunkler wird, blauer, violett, das Meer von Korinth und das andere, das attische Meer, die rote Farbe der Äcker, die Oliven, grünspanig, ihre langen Morgenschatten auf der roten Erde, die erste Wärme und Sabeth, die mich umarmt, als habe ich ihr alles geschenkt, das Meer und die Sonne und alles, und ich werde nie vergessen, wie Sabeth singt!

b) Martin Walser: Seelenarbeit

Irgendwann klopfte es. Agnes rannte schon. Er folgte ihr. Agnes und Julia standen an der Küchentür. Er setzte sich an den runden Tisch. Auf seinen Platz an der Schubladenseite, auf dem sein Vater gesessen hatte und dessen Vater wahrscheinlich auch. Julia kam durch die Küche. Sie schien auf Stelzen zu gehen. Sie trug ihren Kopf so hoch, daß es unmöglich war, ihren Blick zu erreichen. Sie stakste durch die Küche, schraubte dabei den Kopf noch um ein paar Windungen höher, kräuselte die Lippen von den Zähnen, daß man aus ihren geschlossenen Zähnen höchstens noch ein zischendes Geräusch erwarten konnte. Agnes war in gewissermaßen demütiger Haltung an der Tür stehen geblieben. Oder sie wirkte einfach so, barfuß, in ihrem dunkelgrünen, bis zu den Knöcheln reichenden Baumwollhemd. Oder sie wirkte so, weil Julia ging wie hundert Pfauen in einem. Und auf Plateauschuhen. Und war sowieso einen Kopf größer als ihre Mutter. Ihre Schuhe hatte sie an den Beinen herauf über kreuz gebunden bis unter die Knie. Ein Fetzchen von Kleid hing an ihrem großen Körper. Man hätte sie eben nicht JULIA taufen sollen, dachte Xaver. Das war Agnes' Schuld. Weil eine Tochter des Vetters in Überlingen so hieß, war Agnes auf diesen Namen gekommen. Xaver hatte sich gewehrt. Das sehe ja aus, als wolle er ein Kind nur durch Namensgebung dem des ersten Doktors in der Verwandtschaft gleichstellen. Aber Agnes hatte gesagt, die Überlinger Zürns hätten ihnen auch eine *Magdalena* nachgemacht, dafür hole man sich bei denen eine *Julia*. Wenn Xaver nicht Halt gerufen hätte, wäre Julia durch die Küche gegangen, ohne auch nur einmal den Blick zu wenden oder irgend etwas zu sagen. Xaver sagte: Woher kommst du. Sie blieb stehen, wandte sich auf die verschraubteste Art ihrem Vater zu. Sah ihn an. Durch Wimpern. Er hatte nicht das Gefühl, daß sie ihn sehe. Ihre Augen glänzten. Das Gesicht glühte. Die Lippen gleißten. Ihre gewaltigen Haarmassen schienen zu kochen. Daß sie einfach da stehen blieb, konnte man nicht erwarten. Wo du warst, will ich wissen, schrie Xaver. Er war dagegen, daß er schrie. Aber er mußte schreien. Er konnte nichts mehr unterscheiden. Alles, einfach alles schoß jetzt zusammen in ihm zu einem steinharten Punkt. Julia ruckte ihren Kopf auf dem langen Hals noch ein bißchen nach oben und sagte ruhig: Mir hond no mords oin draufgmacht. Daß sie Dialekt sprach, war ihm, wenn niemand da war, egal. Aber ihr Jargon plus Dialekt, das war ihm zuviel. Wer? schrie Xaver, wer? Was schreisch'n wieder rum wie blöd, sagte sie, des lauft mir nämlich total it nei, bloß daß's woisch. Er ging auf sie zu, als wolle er sie schlagen. Aber er wollte sie nur vertreiben. Sie sollte Angst vor ihm haben und wegrennen, hinauf in ihr Zimmer, daß man sie los wäre. Aber wer so geht und steht, wie Julia in dieser Nacht ging und stand, der kann sich nicht umdrehen wie ein Hase und

weghoppeln. Xaver spürte das, als er auf sie zuging. Sie
rannte nicht weg. Sie blieb stehen, erwartete ihn, schaute ihn
an, als sei sie viel größer als er. Da blieb ihm nichts anderes
übrig, fand er, als sie zu schlagen. Wär' sie doch wegge-
rannt! Sie sah doch, daß er kam, um sie zu schlagen. Er hätte
sich ja lächerlich gemacht, wenn er so anlief und dann doch
nicht schlug. Also schlug er. Sie drehte ihren Kopf noch ein
wenig hinauf, er erreichte nur ihr Kinn. Für einen zweiten
Schlag fehlte ihm die Entschlossenheit. Sie sah ihn jetzt an,
als habe sie ihm etwas bewiesen. Sie war ihm nur so weit
ausgewichen, daß er sie doch noch traf. Aber auch so weit,
daß der Schlag nicht mehr besonders weh tat. Aber ein
Schlag war es doch. Es war bewiesen: er schlug seine Kinder
ins Gesicht. Ihre Lippen schälten sich vollends von ihren
Zähnen. Dieses Lippen-von-den-Zähnen-Schälen, das er
gerade auf den Fotos gesehen hatte, konnte sie offenbar für
alles gebrauchen. Der Augenglanz wurde ganz hart, die
Augenbrauen hoben sich genau um den Millimeter, der dem
übrigen Gesichtsausdruck die Qualität Verachtung hinzu-
fügte, und sie sagte, nicht besonders laut: Arsch, und
ging.

10. Krankheit und Tod als Zeichen der Zeit

a) Georg Heym: Die Pest

Mit einem Schlage brach die Pest aus. Keiner wußte, woher
sie gekommen war, keiner wußte, in welchem Hause sie
ausgebrochen war.
Die Europäer merkten es zuerst daran, daß die roten chine-
sischen Totenlampen in einer Nacht viel zahlreicher als sonst
vor den kleinen Schuppen brannten, die die Himmelsstraße
umrahmten, die wie *[zwei unleserliche Wörter]* weißer, heller *[unleserliches Wort]* durch das Gewirr zahlloser dunkler
Gassen der Eingeborenenstadt Charbin hindurchlief.

Einem russischen Oberst passierte es, daß der Kutscher seiner Troika plötzlich im Fahren hintenüberfiel, in den Schlitten hinein, gerade auf den dicken Bauch des Obersten. Und als der Oberst seine Knute nehmen wollte, um den betrunkenen Kutscher zur Vernunft zu bringen, sah er in ein paar glasige Augen, die der Schrecken des Todes weit aufgerissen hatte. Und ein schrecklicher Atem des Todes quoll ihm aus dem weit offenstehenden Munde entgegen. Der Kutscher röchelte noch einige Male schwer im Stroh des Schlittens, dann richtete er sich mit einer letzten Anstrengung halb auf, schluckte ein paarmal, und dann spie er auf den grauen Pelz des Obersten eine schwarze, dicke Blutwolke, einen großen, breiten giftigen Brodem, seine ganze Lunge entleerte sich in dieser schwarzen Masse. Und er fiel in das blutige Stroh des Schlittens zurück.

Das Blut gefror sofort auf den Handschuhen, und dem dicken Pelz des Obersten.

Der Oberst war in das Kasino seines Regiments gekommen, außer sich, er hatte alle Leute von sich gejagt, er schrie wie ein Wahnsinniger in einem fort. Die Ekstase des Schreckens hatte ihn übermannt. Nach einer halben Stunde war er quer über den Eßtisch hingeschlagen, er hatte im Fallen das ganze Tischtuch mit sich gerissen, und das Blut, das ihm aus der Lunge ausbrach, vermischte sich mit den Speisen, die lustig in dieser warmen Brühe umherschwammen.

Als die Offiziere ihn hinfallen sahen, wichen sie alle zurück, keiner rührte ihn an, einer drängte den andern hinaus. Draußen stürzten sie sich auf ihre Schlitten, und fuhren davon; sie ließen ihre Kutscher auf die Pferde einschlagen, um dem Tode einen Vorsprung abzugewinnen, der hinter ihnen herjagte, auf einem schwarzen Klepper, dessen Geschirr wie kleine Glocken in ihren Ohren klingelte. Keiner sah sich nach dem andern um, alle waren stumm vor Entsetzen. Und wo ihre Schlitten auf dieser verzweifelten Jagd durchkamen, da sahen sie Tote liegen, die eben gefallen waren, krepiert auf der Straße, mitten auf der Straße krepiert, und die Schlitten fuhren drüber hin, und das Blut der

Gefallenen spritzte an den Kufen aus. Gegen den Abend, um fünf Uhr waren die Straßen Charbins wie ausgestorben.

Kein Schlitten fuhr mehr über den Korso, keine russische Uniform zeigte sich mehr. Keine von den Weibern aus dem Tingeltangel ließ sich mehr sehen. Und in dem weißgelben Abendhimmel, der vor Kälte zitterte, erschien wie eine schwarze Wolke das Haupt der Pest, das mit einem unhörbar grausigen Lachen Besitz nahm von Charbin, dem großen Charbin, der Metropole der Steppen, dem lustigen Paradiese des Lasters.

b) Thomas Mann: Der Tod in Venedig

Seit mehreren Jahren schon hatte die indische Cholera eine verstärkte Neigung zur Ausbreitung und Wanderung an den Tag gelegt. Erzeugt aus den warmen Morästen des Ganges-Deltas, aufgestiegen mit dem mephitischen Odem jener üppig-untauglichen, von Menschen gemiedenen Urwelt- und Inselwildnis, in deren Bambusdickichten der Tiger kauert, hatte die Seuche in ganz Hindustan andauernd und ungewöhnlich heftig gewütet, hatte östlich nach China, westlich nach Afghanistan und Persien übergegriffen und, den Hauptstraßen des Karawanenverkehrs folgend, ihre Schrecken bis Astrachan, ja selbst bis Moskau getragen. Aber während Europa zitterte, das Gespenst möchte von dort aus und zu Lande seinen Einzug halten, war es, von syrischen Kauffahrern übers Meer verschleppt, fast gleichzeitig in mehreren Mittelmeerhäfen aufgetaucht, hatte in Toulon und Malaga sein Haupt erhoben, in Palermo und Neapel mehrfach seine Maske gezeigt und schien aus ganz Kalabrien und Apulien nicht mehr weichen zu wollen. Der Norden der Halbinsel war verschont geblieben. Jedoch Mitte Mai dieses Jahres fand man zu Venedig an ein und demselben Tage die furchtbaren Vibrionen in den ausgemergelten, schwärzlichen Leichnamen eines Schifferknechtes und einer Grünwarenhändlerin. Die Fälle wurden verheimlicht. Aber nach einer Woche waren es deren zehn, waren es zwanzig, dreißig, und zwar in verschiedenen Quartieren. Ein Mann aus der österreichischen Provinz, der sich zu seinem Vergnügen einige Tage in Venedig aufgehalten, starb, in sein Heimatstädtchen zurückgekehrt, unter unzweideutigen Anzeichen, und so kam es, daß die ersten Gerüchte von der Heimsuchung der Lagunenstadt in deutsche Tagesblätter gelangten. Venedigs Obrigkeit ließ antworten, daß die Gesundheitsverhältnisse der Stadt nie besser gewesen seien, und traf die notwendigsten Maßregeln zur Bekämpfung. Aber wahrscheinlich waren Nahrungsmittel infiziert worden, Gemüse, Fleisch oder Milch, denn geleugnet und vertuscht fraß das Sterben in der Enge der Gäßchen um sich, und die vorzeitig eingefallene Sommerhitze, welche das Wasser der Kanäle laulich erwärmte, war der Verbreitung besonders günstig. Ja, es schien, als ob die Seuche eine Neubelebung ihrer Kräfte erfahren, als ob die Tenazität und Fruchtbarkeit ihrer Erreger sich verdoppelt hätte. Fälle der Genesung waren selten; achtzig vom Hundert der Befallenen starben, und zwar auf entsetzliche Weise, denn das Übel trat mit äußerster Wildheit auf und zeigte häufig jene gefährlichste Form, welche »die trockene« benannt ist. Hierbei vermochte der Körper das aus den Blutgefäßen massenhaft abgesonderte Wasser nicht einmal auszutreiben. Binnen wenigen Stunden verdorrte der Kranke und erstickte am pechartig zäbe gewordenen Blut unter Krämpfen und heiseren Klagen. Wohl ihm, wenn, was zuweilen geschah, der Ausbruch nach leichtem Übelbefinden in Gestalt einer tiefen Ohnmacht erfolgte, aus der er nicht mehr oder kaum noch erwachte. Anfang Juni füllten sich in der Stille die Isolierbaracken des Ospedale civico, in den beiden Waisenhäusern begann es an Platz zu mangeln, und ein schauerlich reger Verkehr herrschte zwischen dem Quai der neuen Fundamente und San Michele, der Friedhofsinsel. Aber die Furcht vor allgemeiner Schädigung, die Rücksicht auf die kürzlich eröffnete Gemäldeausstellung in den öffentlichen Gärten, auf die gewaltigen Ausfälle, von denen im Falle der Panik und des Verrufes die Hotels, die Geschäfte, das ganze vielfältige Fremdengewerbe bedroht waren, zeigten sich mächtiger in der Stadt als Wahrheitsliebe und Achtung vor internationalen Abmachungen; sie vermochte die Behörde, ihre Politik des Verschweigens und des Ableugnens hartnäkkig aufrechtzuerhalten. Der oberste Medizinalbeamte Venedigs, ein verdienter Mann, war entrüstet von seinem Posten zurückgetreten und unterderhand durch eine gefügigere Persönlichkeit ersetzt worden. Das Volk wußte das; und die Korruption der Oberen zusammen mit der herrschenden Unsicherheit, dem Ausnahmezustand, in welchen der umgehende Tod die Stadt versetzte, brachte eine gewisse Entsittlichung der unteren Schichten hervor, eine Ermutigung lichtscheuer und antisozialer Triebe, die sich in Unmäßigkeit, Schamlosigkeit und wachsender Kriminalität bekundete. Gegen die Regel bemerkte man abends viele Betrunkene; bösartiges Gesindel machte, so hieß es, nachts die Straßen unsicher; räuberische Anfälle und selbst Mordtaten wiederholten sich, denn schon zweimal hatte sich erwiesen, daß angeblich der Seuche zum Opfer gefallene Personen vielmehr von ihren eigenen Anverwandten mit Gift aus dem Leben geräumt worden waren; und die gewerbsmäßige Liederlichkeit nahm aufdringliche und ausschweifende Formen an, wie sie sonst hier nicht bekannt und nur im Süden des Landes und im Orient zu Hause gewesen waren.

11. Vergleichstexte zur literarischen Wertung

a) Heinz G. Konsalik: Das einsame Herz (Anfang)

Durch den staubigen Sand der Landstraße mahlten die Räder.

Knarrend schwankte der hölzerne, gelb lackierte Kasten der Postkutsche auf den ächzenden, morschen Achsen, um die der Staub wirbelte und die Steine hochgeschleudert wurden, während die beiden müden Pferde an der langen Deichsel die Beine kräftiger nach vorn warfen, die nahe Poststation und damit Ruhe und volle Tröge witternd. Der schläfrige Postillion auf dem breiten Bock, hinter dem sich die Koffer, Kisten und Säcke zu Bergen stauten, wohl verschnürt mit einem dicken Seil, das den ganzen Wagen kreuz und quer von dem Dach aus überspannte, griff widerwillig zu seinem Horn und setzte es an den Mund.

»Eine Pulle Schnaps wäre besser«, murmelte er, und blies dann ins Horn, daß der Ton von den Bergen widerhallte und im langsam verebbenden Abendrot zitternd untertauchte.

Im Innern der Kutsche saßen, durch die hüpfenden Räder hin und her geschleudert, zwei Männer und eine ältere Frau, die durch eine Lorgnette hinaus in die abendliche Landschaft blickte und ab und zu ihre Mitreisenden durch schrille Ausrufe des Erstaunens oder des Schreckens aus einem gefühllosen Halbschlaf aufschreckte.

b) Groschenheft
Viola Larsen: Als ihre Welt in Scherben brach (Ende)

Überwältigt von einem Sturm der Gefühle, lehnte Joana den Kopf an die Schulter ihres geschiedenen Mannes.

Nun, da die schreckliche Angst um ihr Kind von ihr genommen war, konnte sie sich nicht mehr beherrschen. »Ich bin an allem schuld, Patrick«, stammelte sie. »Ich, mit meinem maßlosen Ehrgeiz – ich mit meiner verzweifelten Suche nach einem neuen Glück, das ich doch nirgendwo mehr finden kann, nachdem ich dich verloren habe. Patrick – wie soll ich das alles nur erklären – es ist so schrecklich – aber ich glaube, ich liebe dich immer noch.«

Zum erstenmal an diesem Abend glitt ein Lächeln über die ernsten Züge Marschalls.

»Ist das wirklich so schrecklich, wenn du mich noch immer liebst, Joana?« fragte er innig.

Joana sah aus tränenblinden Augen zu ihm auf.

»Ja, es ist sehr schlimm, denn wir sind geschieden. Ich gehöre ja nicht mehr zu dir. Ich war es, die unser Glück zerstört hat. Und meine Einsicht kommt viel zu spät.«

»Es ist nie zu spät, Joana! Oder hast du noch nie von geschiedenen Eheleuten gehört, die wieder geheiratet haben?«

IV. Gebrauchstexte

A. Wirtschaftssprache

1. Börsenreporte

a) »Zwölfprozenter waren Zugpferd« (Die Zeit)

Ist der Zinsanstieg in der Bundesrepublik gestoppt oder nur unterbrochen? Darauf gibt es zur Zeit zwar noch keine zuverlässige Antwort, aber die letzten Tage haben gezeigt, daß bei den Sparern Geld lockerzumachen ist, wenn die Zinsen »stimmen«. Das Erscheinen einjähriger Schuldverschreibungen zu einem Nominalzinssatz von 12 Prozent hat eine Anlagewelle in Bewegung gesetzt, die von den Kreditinstituten nur mit letzter Kraft bewältigt werden konnte.
Da gleichzeitig der Bund seine fällige Anleihe verschob und ein Schuldscheinangebot zu Superzinsen zurückzog, trat das ein, was seit Monaten nicht mehr der Fall gewesen war: Materialmangel! Es wurde auf andere Papiere mit hohen Renditen ausgewichen, deren Kurse sich sofort nach oben in Bewegung setzten. Das Aufwärtstempo beschleunigte sich, als dann institutionelle Gruppen auf den fahrenden Rentenzug sprangen. Auch Ausländer wollten plötzlich die hohen Renditen nutzen. Und damit war das erreicht, was die Bundesbank mit ihrer harten zinspolitischen Linie angepeilt hatte, nämlich ein Zinsniveau, das Ausländer als attraktiv ansehen. Der Erfolg läßt sich an den Devisenkursen ablesen. Innerhalb des Europäischen Währungsystems hat sich die Mark aus dem Kreis der abwertungsverdächtigen Währungen entfernt und nimmt jetzt wieder eine Spitzenstellung ein.
In den Börsensälen gibt es indessen niemand, der an eine nachhaltige Zinssenkung glaubt. Dazu ist der Kapitalbedarf der öffentlichen Hände zu groß. Der Fiskus muß Woche für Woche zwei Milliarden Mark auf dem Kapitalmarkt aufnehmen. Das wird mit Sicherheit immer wieder zu Verklem-

mungen führen, auch wenn es dem Bundesfinanzminister gelingen sollte, hin und wieder Milliarden von Saudi-Arabien zu pumpen, von dem Land, dem die Bundesregierung die Lieferung von Panzern gern verweigern möchte.

Daß die feste Tendenz des Rentenmarktes auf den Aktienmarkt überschwappte, war zu erwarten. Hier hatten die Ausländer ihre Käufe übrigens nie eingestellt, sondern den hohen Dollarkurs dazu benutzt, »preiswert« deutsche Spitzenpapiere zu erwerben.

Ob deutsche Aktien allerdings tatsächlich preiswert sind, ist eine Streitfrage. »Möglicherweise wird sich schon bald angesichts von Nachrichten über sinkende Kapazitätsauslastungen in der Industrie, Produktionskürzungen, nicht konjunkturgerechter Lohnabschlüsse, Druck auf die Unternehmensgewinne etc. herausstellen, daß ein Teil der negativen Zukunft noch nicht eskomptiert ist«, warnt die Westdeutsche Landesbank ihre Kundschaft.

Anderer Ansicht ist die Norddeutsche Landesbank in Hannover: »Was man heute kaufen sollte, sind deutsche Aktien, weil sie zu Billigpreisen zu haben sind – das deutsche Aktienkursniveau ist heute so hoch wie vor 20 Jahren. Nach der Kumulation negativer Faktoren, wie wir sie zur Zeit erleben, sind die Aussichten auf eine Besserung der Nachrichtenlage in absehbarer Zeit durchaus günstig.«

Ob die »Nachrichtenlage« in den kommenden Wochen tatsächlich Lichtblicke aufweisen wird, ist keineswegs sicher. Aber kommt es wirklich darauf allein an? In England gibt es wirtschaftliche Hiobsbotschaften am laufenden Band, und dennoch sind die Aktienkurse dort seit Jahresbeginn um etwa fünf Prozent gestiegen (in Italien sogar um 37 Prozent!). Solange die Bundesbank an ihrem jetzigen Kurs festhält, besteht zumindest die Aussicht auf eine nachhaltige Besserung der Konjunktur im kommenden Jahr. Die Wartezeit könnte durch flankierende Maßnahmen der Bundesregierung (Abbau der Investitionshemmnisse) zwar verkürzt werden. Damit ist angesichts der politischen Situation jedoch kaum zu rechnen.   *Kurt Wendt*

b) »Die Weichmacher der Mark« (Capital)

Präsident Reagan: Höchste Zinsen

Der Wirtschaftskurs des neuen US-Präsidenten schwächt die Mark. Ronald Reagan will mit einer Doppelstrategie – Kernstücke: Steuern senken und Zinsen hochhalten – das Wachstum ankurbeln, ohne die Bekämpfung der Inflation zu vernachlässigen. Reagans unerschütterlicher Glaube an ein amerikanisches Wirtschaftswunder beeindruckt die Geldanleger. Der Vertrauensvorschuß fällt um so leichter, weil die Renditerechnung stimmt. Während in den USA die Anleger rund 14 Prozent verdienen können, sind es in der Bundesrepublik nur 9,5 Prozent: Statt in Mark legen sie ihr Geld in Dollar an. Das Zinsgefälle können die Bundesbankiers nicht ohne Risiko für Nachfrage und Beschäftigung einebnen.

Kanzler Schmidt: Schlechte Zeiten

Der Glanz der Mark verblaßt mit dem Renommee Helmut Schmidts. Dem Bonner Vorstandsvorsitzenden, vor wenigen Monaten noch als Weltökonom gefeiert, trauen die Geldanleger nicht mehr unbesehen zu, das Unternehmen Bundesrepublik unbeschadet durch die Krise zu steuern. Für seine Sanierungspläne fehlt ihm der Rückhalt in der Partei, die ihm etwa die Unterstützung für den Bau von Kernkraftwerken versagt. Ohne Atomstrom bleibt aber die Ölrechnung hoch und damit das Defizit in der Leistungsbilanz, Quelle des Wertschwunds der Deutschen Mark. Freund Valéry Giscard d'Estaing macht vor, wie man es besser macht: Kernenergie forciert ausbauen. Diese Politik honorieren die Geldanleger.

Kremlchef Breschnew: Kalter Krieg

Zweifel an dem Entspannungswillen des Sowjetführers Leonid Breschnew zehren an der Mark. Während der Détente-Jahre hatten die Geldanleger die politischen Risiken verdrängt. Jetzt gewinnt wieder an Gewicht, daß die Mark nicht weit vom Schuß ist. Aktuell lastet vor allem die soziale Unrast in Polen auf der Mark. Auch von jenseits des Atlantiks verstärkt sich der Polit-Druck. Der neue Mann im Weißen Haus kehrt gegenüber den Verbündeten die Supermacht heraus. Er hält nichts von kollektiver Führung, dank derer Helmut Schmidt in den siebziger Jahren zum Starökonomen werden konnte, was die Mark zum Weltgeld aufwertete. Das Zurückdrehen des Rades heißt aber: Dominanz für den Dollar, Abwertung der Mark.

2. Werbe-Slogans
(aus Anzeigen in Publikumszeitschriften)

Kent. Geschmack en vogue
Krone. Wo guter Geschmack zu Hause ist
Leicht – mit viel Geschmack (Lord Extra)
Let's go West! Geschmack ist ihre Stärke
Lux Filter. Geschmack der stimmt
Marlboro Menthol. Der große Geschmack, Die große Frische
Multi 100. Damit der Geschmack nicht zu kurz kommt

Des Kaisers neue Kleider: Lancia Delta.

Als Franz Beckenbauer nach Deutschland zurückkam, hatte sich auch in der Auto-Landschaft einiges geändert. Es gab zum Beispiel den Lancia Delta. Ein Auto mit dem Komfort, der Eleganz und den technischen Finessen der Großen. Und mit den Abmessungen und Verbrauchswerten, die heute gefragt sind.

Ein Auto, das durch seine gekonnte Linienführung genauso besticht wie durch Temperament und Laufkultur des Motors.

Ein Auto, für das die Technik des aufwendig konstruierten Fahrwerks mit Frontantrieb und Einzelradaufhängung ebenso spricht wie die völlig neuartige, ungewöhnlich wirksame Geräuschisolierung.

Ein Auto, an dem man die komplette Serienausstattung mit höhenverstellbarem Lenkrad, H 4-Lampen, Bremskraftverstärker und -regler und von innen verstellbarem Außenspiegel genauso schätzt wie die souveräne Straßenlage und den vorbildlichen Fahrkomfort.

Ein Auto, das sich durch sein leicht und exakt zu schaltendes 5-Gang-Getriebe (beim 1300-5-Gang und 1500 serienmäßig) ebenso auszeichnet wie durch die ungewöhnlich reichhaltige, luxuriöse Innenausstattung

und die auffallend solide Verarbeitung, bei
der 6 Jahre Garantie gegen Durchrostungs-
Schäden selbstverständlich sind.

Ja, und deshalb fährt Franz Beckenbauer den Lancia Delta. Nicht nur heute in
der Werbung. Sondern jeden Tag ganz nor-
mal privat.

LANCIA

In jeder Klasse ein schönes Stück weiter.

Den Lancia Delta gibt es als 1300-4-Gang und 1300-5-Gang mit 55 kW (75 PS) und 155 km/h, sowie als 1500-5-Gang mit 63 kW (85 PS) und 160 km/h.
Die Delta-Preise starten mit DM 14.990,- (unverbindliche Preisempfehlung ab Kippenheim/Baden für den Lancia Delta 1300-4-Gang).

B. Sportsprache

4. Fußballreportagen

a) »Paul schenkte HSV das 2:0« (Bild)

Von *Raimund Hinko*

Hamburg, 23. März

Zuerst ist's eine zerfahrene Kickerei. **Der HSV versteckt sich, Bayern versammelt sich im Mittelfeld.** Nur Dürnberger erinnert links an Spitzenleistung, legt für Röber und Breitner auf – zweimal drüber. Dremmler probiert's aus 30 Metern, die 62 000 hoffen auf die zweite Halbzeit. **Zu Recht.**
In die Hauptrolle schlüpft **Paul Breitner.** Aber zunächst mal köpft Hrubesch rückwärts,

Breitner war überall...

Magath schießt Weiner durch die Beine: 1:0 (49.). Jetzt ist Stimmung da. Und Paule.
Breitner hinten, Breitner vorne. Zu Torwart Müller will er zurückspielen, ganz elegant. Der hohe Ball bleibt in der Luft stehen, der Wind bläst dagegen. »Danke Paul«, denkt sich Hrubesch, nimmt das Geschenk an, läßt sich von Müllers Grätsche nicht irritieren.
Der Ball rollt ins Tor: 2:0 (54.). Sogar die Sanitäter hüpften hoch, erregt von so viel Gastfreundschaft. Die deutsche Meisterschaft scheint entschieden.
Aber Paul krempelt die Ärmel noch ein Stück höher. Er läßt Jakobs und Memering stehen, schickt Rummenigge steil. Kalle spurtet vorbei an Buljan und Beckenbauer. Flach zischt der Ball ins lange Eck: 2:1 nur noch (68.).
Bayern-Trainer Csernai wird draußen unruhig. Er bringt Janzon und Niedermayer für Röber und Kraus.

»Das war Urgewalt!«

Breitner peitscht seine Jungs nach vorne. Augenthaler kommt, Dürnberger flankt. Janzon steigt hoch, Hoeneß hat

den Kopf dazwischen. Breitner schießt aus 6 Metern so scharf, daß es Kotka die Hände wegreißt: 2:2 – 60 Sekunden vor Schluß.
»Urgewalt war das«, schreit Paule, zeigt stolz auf seinen linken Schuh. Im Stadion wird es sehr still.

b) »Das Spiel der Spiele: Den Bayern gebührt der Dank der
   Fußballfreunde« (Frankfurter Allgemeine Zeitung)

[...] Die erste Halbzeit geriet zu einem Offenbarungseid des HSV, der angesichts des Münchner Aufmarsches in seiner Hälfte wie hypnotisiert wirkte und erst nach der Halbzeit in 15 tollen Minuten die Flucht nach vorn suchte, durch Tore von Magath (Vorarbeit Hrubesch) und Hrubesch (Vorarbeit Breitner) fündig wurde, ehe er in die alte Unart verfiel, den Vorsprung über die Zeit schaukeln zu wollen. Erst rannte Rummenigge nach Breitner-Paß seinen Verfolgern davon, dann war es Breitner selber, der seinen groben Schnitzer wettmachte. Mit den Namen der Torschützen sind auch schon die »Macher« dieses Spiels genannt, aus dem die Bayern mit solch erhobenen Häuptern herauskamen, daß sie zwangsläufig auf die Gegner herabschauen mußten. [...]

Hans-Joachim Leyenberg

c) »Breitner stellt alle in den Schatten« (Die Zeit)

Jetzt sinkt er vor Scham in den Boden, denkt unsereiner; jetzt wird er für den Rest des Spiels von der Rolle sein. Denn der Fehler, den Bayern-Primus Paul Breitner da in der 54. Minute machte, hätte sogar in einer Schülermannschaft zu den heftigsten Vorwürfen gegenüber dem Sündenbock geführt. Da spielt der Münchner Mannschaftskapitän den Ball also so ungeschickt zu seinem Torwart zurück, daß das Leder dem verdutzten HSV-Mittelstürmer Hrubesch direkt vor die Füße fällt: Tor für die Hamburger zum 2:0.

Aber der Breitner Paul kommt gar nicht von der Rolle; im Gegenteil, er wird von Minute zu Minute besser, reißt seine Kollegen mit, serviert Rummenigge den Ball zum Anschlußtreffer (2:1 in der 68. Minute) und haut dem HSV in der 89. Minute den Ball noch höchstpersönlich zum 2:2 ins Netz.

Man muß sich vor allem mit Paul Breitner befassen, um den spielerischen Unterschied zwischen den beiden ersten Mannschaften des deutschen Fußballs, dem FC Bayern München und dem Hamburger SV, zu erklären. Um es vorwegzunehmen, der HSV hat mit seinem Drei-Punkte-Vorsprung die größeren Chancen, deutscher Meister zu werden. Aber den Münchnern ist es nicht zuletzt wegen eines Paul Breitners zuzutrauen, daß sie aller Logik zum Trotz als zweite in die Drehtür hineingehen und als erste wieder herauskommen. [...]

Gerhard Seehase

C. Journalismus

5. *Die Story*

»Das Schloßgespenst« (Der Spiegel)

Die sowjetische Schreckenswaffe SS-20 ist möglicherweise gar nicht so schrecklich.

Der Inbegriff für die atomare Bedrohung Westeuropas wird umschrieben mit dem einprägsamen Kürzel SS-20 und dräut dort, wo Attila der Hunne vor 1500 Jahren bereits seine Reiter zum Mongolensturm gen Westen sammelte – weit in der Tiefe des russischen Raums.

»Für andere Waffen unantastbar«, so Nato-Oberbefehlshaber Bernard Rogers, steht dort eine Streitmacht von Raketen, die zum Seltsamsten gehört, was je im nuklearen Arsenal der Sowjets erspäht wurde: eine Hydra auf Selbst-

fahrlafette, die sich mal vermehrt und dann – genauso merk-
würdig – zahlenmäßig abrupt wieder abnimmt.

Jüngstes Beispiel der rätselhaften Mutation: Kaum hatten
Bonns Regierende Ende Februar verkündet, inzwischen
seien »200 Systeme« vom Typ SS-20 aufgestellt, da spielten
»geheimdienstliche Quellen« in den USA der »New York
Times« zu, sie gingen nur »von 160 dieser Raketen« aus:
»Die meisten sind in den westlichen Regionen der Sowjet-
Union postiert, der Rest auf Plätzen gegenüber China.«

Dort, auf der Halbinsel Kamtschatka, hatten amerikanische
Aufklärungssatelliten 1976 auch die erste SS-20-Rampe samt
Rakete ausgespäht – weitere folgten nordwestlich von
Tomsk, bei Irkutsk, Ulan-Ude, Tschita sowie Magadachi an
der Grenze zur Äußeren Mongolei.

Nur: Das Beweisstück selbst – Anlaß für den umstrittenen
Beschluß der Nato, 572 neue amerikanische Mittelstrecken-
waffen in Europa aufzustellen – blieb der Öffentlichkeit
bislang vorenthalten.

Zwar existiert ein Videoband, das sich aus Aufnahmen
zusammensetzt, die von US-Spionagesatelliten des Typs
KH-11 über der Sowjet-Union gemacht wurden. Einzel-
photos aber werden vom Bereich G-2 der Nato, zuständig
für Aufklärung und Sicherheit, in den Panzerschränken
aufbewahrt. Die Gegenseite, so das Argument der Militärs,
solle aus den Photos keine Schlüsse auf das Auflösungs-
vermögen der Satellitenkameras und -sensoren ziehen
können.

Kritiker wie zum Beispiel Alfred Mechtersheimer, Lehrbe-
auftragter an der Bundeswehrhochschule in München, halten diese Begründung für fadenscheinig. »Das Schloßge-
spenst mit Namen SS-20«, so argwöhnt der Wissenschaftler,
»soll verborgen bleiben, damit es um so bedrohlicher
wirkt.« [. . .]

6. *Der Kommentar*

»Raketen-Ragout« (Die Zeit)

Der Nachrüstungsbeschluß rückt mehr und mehr in die heiße Zone der politischen Auseinandersetzung.

Innenpolitisch sorgt die SPD-Linke dafür – der Landesverband Baden-Württemberg, der den Beschluß 1982 erneut zum Parteitagsthema machen möchte, oder der Unterbezirk Bonn, der rundheraus seine Aufhebung fordert. Hier erwartet den Kanzler noch allerhand Unbill. Wenn die Holländer und die Belgier ihre Zustimmung zurückziehen, worauf vieles hindeutet, werden die Wellen der Emotion in der Bundesrepublik noch höher gehen. Es könnte dann die paradoxe Situation eintreten, daß eine Maßnahme, die unsere Verteidigungsfähigkeit stärken soll, sie in Wirklichkeit psychologisch untergräbt.

Außenpolitisch halten die Sowjets die Sache am Kochen, indem sie mit zäher Beharrlichkeit ihren Moratoriumsvorschlag wieder und wieder anpreisen. Ebenso beharrlich lehnt der Westen ihn Mal um Mal ab. Dabei ist – auch hier ein Paradox – der Vorschlag so fadenscheinig wie die Ablehnung. Da bei der Nato faktisch bis 1983/84 ein Aufstellungsstopp für eurostrategische Waffen gilt, hindert nichts den Kreml daran, sich dem einfach anzuschließen; alles weitere Gedöns wäre überflüssig. Umgekehrt: Wer sich im Westen dem Moskauer Moratoriumsplan verweigert, weil ein Eingehen darauf den sowjetischen SS-20-Vorsprung »festschreibt«, der nimmt bewußt in Kauf, daß dieser Vorsprung ohne Moratorium noch zwei oder drei Jahre lang immer weiter wächst.

Ein schönes Raketen-Ragout, noch ganz und gar unverdaulich ... *Th. S. [Theo Sommer]*

7. Schlagzeilen (aus Tageszeitungen)

Ratsherr bringt Jäger ins Zwielicht
(Express, 18. 3. 81)

Konjunkturflaute trifft den Fiskus
(Frankfurter Allgemeine Zeitung, 19. 3. 81)

Die Metallrunde auch in Hessen abgebrochen
(Kölner Rundschau, 19. 3. 81)

Bonn pocht auf Subventionsabbau
(Kölner Stadtanzeiger, 26. 3. 81)

Japan will nicht in die Röhre gucken
(Kölner Stadtanzeiger, 26. 3. 81)

Die grollenden Vulkane der Revolution
(Süddeutsche Zeitung, 19. 3. 81)

Molltöne zur Halbzeit in Leipzig
(Süddeutsche Zeitung, 19. 3. 81)

Würzburg schaltet auf Sparflamme
(Süddeutsche Zeitung, 19. 3. 81)

D. Wissenschaftssprache

8. Zum Problemkreis Sprache–Denken–Wirklichkeit

a) Immanuel Kant:
Anthropologie in pragmatischer Hinsicht

Alle Sprache ist Bezeichnung der Gedanken und umgekehrt
die vorzüglichste Art der Gedankenbezeichnung ist die
durch Sprache, diesem größten Mittel, sich selbst und
andere zu verstehen. Denken ist *Reden* mit sich selbst (die
Indianer auf Otaheite nennen das Denken: die Sprache im
Bauch), folglich sich auch innerlich (durch reproduktive
Einbildungskraft) *Hören*. Dem Taubgebornen ist sein Sprechen ein Gefühl des Spiels seiner Lippen, Zunge und Kinn-

backens, und es ist kaum möglich, sich vorzustellen, daß er bei seinem Sprechen etwas mehr tue, als ein Spiel mit körperlichen Gefühlen zu treiben, ohne eigentliche Begriffe zu haben und zu denken. – Aber auch die, so sprechen und hören können, verstehen darum nicht immer sich selbst oder andere, und an dem Mangel des Bezeichnungsvermögens, oder dem fehlerhaften Gebrauch desselben (da Zeichen für Sachen und umgekehrt genommen werden) liegt es, vornehmlich in Sachen der Vernunft, daß Menschen, die der Sprache nach einig sind, in Begriffen himmelweit von einander abstehen; welches nur zufälligerweise, wenn ein jeder nach dem seinigen handelt, offenbar wird.

b) Siegfried Maser:
Grundlagen der allgemeinen Kommunikationstheorie

Kommunikation tritt überall dort auf, wo Mitteilungen ausgetauscht werden, wo Botschaften oder Nachrichten übermittelt werden, wo Informationen, wo Neuigkeiten gesendet und empfangen werden.
Jemand ist beispielsweise auf Reisen und erlebt interessante Dinge und Situationen. Er schreibt Briefe und sendet Postkarten, um seiner Familie und seinen Bekannten darüber zu berichten. Später erzählt er von seinen Erlebnissen und zeigt seine Fotos, er informiert andere über das, was er erlebt hat. Kommunikation heißt gemeinsam machen, heißt mitteilen.
Jemand will wissen, was in der Welt vor sich geht. Er kauft sich Zeitungen, hört Radio und sieht fern. Er will sich informieren, er will teilhaben an dem, was geschieht.
Jemand beschäftigt sich mit den alltäglichen Problemen der Politik. Er entwickelt gewisse Vorstellungen, schreibt Artikel, hält Vorträge und diskutiert mit anderen über diese Probleme. Kommunikation heißt besprechen, heißt miteinander beraten, heißt gemeinsam machen, heißt sich verständlich machen und verstanden werden, heißt andere verstehen.

Primär geschieht Kommunikation zwischen zwei oder zwischen mehreren Menschen, jedoch läßt sich dieser Begriff ohne Schwierigkeit ausdehnen oder verallgemeinern, so daß man auch mit sich selbst, mit Tieren, mit Maschinen, mit Dingen oder mit beliebig anderem kommunizieren kann. Auf dieser sehr abstrakten Ebene heißt *Kommunikation* allgemein Übermittlung und Austausch von Mitteilungen und besteht jeweils zwischen einem *Sender*, der eine Mitteilung aussendet, und einem *Empfänger*, der diese Mitteilung empfängt. Die Verbindung zwischen dem Sender und dem Empfänger heißt der *Kommunikationskanal*, sein wesentlichster Bestandteil ist das *Medium*, das den Transport der Mitteilungen ermöglicht.

c) Ludwig Wittgenstein: Philosophische Untersuchungen

2. Jener philosophische Begriff der Bedeutung ist in einer primitiven Vorstellung von der Art und Weise, wie die Sprache funktioniert, zu Hause. Man kann aber auch sagen, es sei die Vorstellung einer primitiveren Sprache als der unsern.
Denken wir uns eine Sprache, für die die Beschreibung, wie Augustinus sie gegeben hat, stimmt: Die Sprache soll der Verständigung eines Bauenden A mit einem Gehilfen B dienen. A führt einen Bau auf aus Bausteinen; es sind Würfel, Säulen, Platten und Balken vorhanden. B hat ihm die Bausteine zuzureichen, und zwar nach der Reihe, wie A sie braucht. Zu dem Zweck bedienen sie sich einer Sprache, bestehend aus den Wörtern: »Würfel«, »Säule«, »Platte«, »Balken«. A ruft sie aus; – B bringt den Stein, den er gelernt hat, auf diesen Ruf zu bringen. – Fasse dies als vollständige primitive Sprache auf.
[...]
7. In der Praxis des Gebrauchs der Sprache ruft der eine Teil die Wörter, der andere handelt nach ihnen; im Unterricht der Sprache aber wird sich *dieser* Vorgang finden: Der

Lernende *benennt* die Gegenstände. D. h., er spricht das Wort, wenn der Lehrer auf den Stein zeigt. – Ja, es wird sich hier die noch einfachere Übung finden: der Schüler spricht die Worte nach, die der Lehrer ihm vorsagt – beides sprachähnliche Vorgänge.

Wir können uns auch denken, daß der ganze Vorgang des Gebrauchs der Worte in eines jener Spiele ist, mittels welcher Kinder ihre Muttersprache erlernen. Ich will diese Spiele *»Sprachspiele«* nennen, und von einer primitiven Sprache manchmal als einem Sprachspiel reden.

Und man könnte die Vorgänge des Benennens der Steine und des Nachsprechens des vorgesagten Wortes auch Sprachspiele nennen. Denke an manchen Gebrauch, der von Worten in Reigenspielen gemacht wird.

Ich werde auch das Ganze: der Sprache und der Tätigkeiten, mit denen sie verwoben ist, das »Sprachspiel« nennen.

E. Alltagssprache

9. Gruppenjargon

a) »Null Bock auf alles« (Die Zeit)

Die Pseudos und die Plastik-Punks sind ziemlich übel drauf, die kannst du nur noch verarschen. Die fahren nach London und kaufen sich da für 200 Mark so Bondage-Hosen, die Hosen mit den vielen Taschen, die aussehen wie die von der Bundeswehr. Und dann sind die hinter jeder Scheibe her, die neu rauskommt, auch, wenn da Sid Vicous, der tot ist, nur im Suff drauf lallt. Den Pseudos kannst du auch ohne weiteres erzählen, die Sex Pistols kämen demnächst nach Hamburg, obwohl es die schon lange gar nicht mehr gibt. Aber die Pseudos glauben das alles und finden das gleich tierisch, ätzend, geil.

Irgendwie ist das mit solchen Unterscheidungen aber auch

so eine Sache. Schließlich kommt es nicht darauf an, wie du
rumläufst, sondern auf das Ding, das du in der Birne hast.
Daß du keinen Bock darauf hast, dich bis 65 totzumalochen
für 'ne Rente, dich da hinzustellen und die ganze Wichse
mitzumachen. Daß du keinen Bock hast auf die ganze
Scheiße, die hier abläuft mit Politik und so, die ganze
Verarschung. Daß du gegen alles bist, gegen Deutschland
und die ganze Welt, weil in diesem komischen Staat und auf
dieser ganzen Erde nur Kacke abläuft.

b) »Und dann hab ich den Typ weggeknallt« (Stern)

Wenn uns also bei der Disco im Haus der Jugend jemand
angemacht hat oder unsere Mädchen dumm angesabbelt hat,
dann ist einer von uns hingegangen und hat dem eine
reingeknallt. Andi war da oft vorneweg. Manchmal ist das
auch ausgeartet.
Aber das Rumbeulen an und für sich ist auch immer härter
geworden. Man muß heute alle Tricks drauf haben, wenn
man nicht weggeknallt werden will, weil Bruce Lees Kampf-
techniken und so was praktisch alle kennen. Man muß sofort
in den Mann reingehen und link sein. Stirn auf die Nase, also
Kopfnuß, an den Haaren runterziehen, Pieken reinknallen,
was weiß ich. Wenn du vor dem Mann stehst, fällt dir schon
allerlei ein. Wenn das echt eine ernste Sache ist, und der
Mann liegt unten, dann trete ich so lange mit den Füßen
rein, bis er nicht mehr hochkommt. Wenn du selber schon
eine reingekriegt hast, dann wirst du zum Tier.

F. Die Sprache des Glaubens

10. Ausschnitte aus Weihnachtspredigten

a) Martin Luther (25. Dezember 1530)

Du siehst, wie ein Mensch sich freut, wenn er einen Rock oder zehn Gulden erhält. Wie viele aber jubilieren und springen, wenn sie des Engels Predigt hören: »Euch ist heute der Heiland geboren«? Ja man meint wohl, das sei eine Predigt, die man predigen soll. Aber hat man sie gehört, so läuft man davon, und das Herz bleibt wie zuvor. Wenn ich aber sprechen könnte: Dieses Kindes nehme ich mich an als meines Gutes, weil es der Engel mir zueignet, da kann nicht fehlen: wenn mein Herz es glaubt, muß es die Mutter Maria lieb gewinnen, mehr noch das Kindlein und insonderheit Gott den Vater. Denn, ist es wahr, daß das Kindlein, von der Jungfrau Maria geboren, mein ist, dann habe ich keinen zornigen Gott und muß erkennen, daß eitel Lachen und Freude da sei im Herzen des Vaters und keine Unlust in meinem Herzen. Denn wenn es wahr ist, was der Engel spricht, daß er unser Herr und Heiland ist, was vermag Sünde und Tod wider uns? Höhere Worte kann ich nicht reden noch alle Engel noch der heilige Geist. Das bezeugen zur Genüge die schönsten und frömmsten Gesänge: »Vom Himmel hoch, da komm ich her« etc. item: »Vom Himmel kam der Engel Schar« etc. Ich trau mirs nicht auszureden. Ich höre über alle Maße gern davon reden und singen, aber so lange jene Freude nicht da ist, so lange ist der Glaube noch schwach oder gar keiner, und ich glaube dem Engel nicht.

b) Friedrich Schleiermacher (25. Dezember 1810)

Denken wir uns den Erlöser, wie wir ihn vorher in seinen rein menschlichen Verhältnissen dachten, ebenso seiner

Kräfte sich allmählich bewußt werden, wird einer glauben können, daß er jemals von dem rechten Maß gewichen sei, daß er das ursprüngliche Verhältnis, das in dem innern Grunde der menschlichen Persönlichkeit liegt, zwischen dem Licht und dem göttlichen Frieden in uns und zwischen der sinnlichen Kraft, daß dieses jemals auf einen Augenblick in ihm getrübt sei, daß je das Irdische sei vorangestellt worden dem Geistigen und Himmlischen? In seiner ersten Erscheinung auf Erden ist er der reine Mensch, ihm klebt nichts an von fremdem Verderben, ihm ist nichts Verderbliches eingepflanzt worden, und ebenso erscheint er uns als das himmlische Kind, als der heilige Jüngling, als der ganz göttliche Mann, ähnlich immer als der Sohn dem Vater. Und wo erblicken wir diese göttliche Reinheit des menschlichen Wesens bestimmter und genügender als darin, daß in ihm das menschliche Herz unverderbt gewesen ist und nie jenes trotzige und verzagte Ding, daß in ihm nicht stattfand ein Kampf zwischen der Vernunft und Sinnlichkeit, kein Wettstreit der Gedanken. Und diese Unmöglichkeit, daß in ihm das Höhere verrückt werde, eben diese ist es, weshalb uns keine Beschreibung genügt und keine Abbildung, wir finden, daß noch etwas ist, ein Glanz, eine Reinheit, die noch zur Vollkommenheit des Abbildes fehlt und die wir nur im Gefühl tragen.

c) Helmut Gollwitzer (26. Dezember 1959)

Liebe Gemeinde! Das sind die Konsequenzen von Weihnachten! Weihnachten hat Konsequenzen und Weihnachten kann man nicht haben ohne Konsequenzen. Ein Weihnachten ohne Konsequenzen, ohne ändernde Konsequenzen wäre so sinnlos, wie es tatsächlich von vielen gefeiert wird: ein kurzes Nettsein zueinander, ein paar Tage überladen mit Geschenken und Genüssen, ein kurzes Licht im grauen Alltag – und dann wieder weiter in der alten Tour! Mancher möchte es gar nicht anders haben. Er nimmt das Schöne an

Weihnachten, auch das Christlich-Schöne, auch das unaussagbare Wunder der Menschwerdung Gottes als eine erfreuliche Zugabe zum übrigen Leben, eine erwünschte Lebenserleichterung und ein begrüßenswertes Versprechen göttlicher Gnade und ewigen Lebens, wie ein Glücksspieler am Spieltisch den großen Gewinn hinnimmt: als eine Gelegenheit, noch intensiver mit noch größeren Einsätzen sein Roulettespiel zu betreiben und also sein Leben weiterzumachen wie bisher. Damit verspielen wir aber das große Geschenk, damit machen wir es unfruchtbar. Die Geschichte der Christenheit im Großen wie im Kleinen ist eine Geschichte herrlicher Früchte des göttlichen Weihnachtsgeschenkes, aber auch oft genug die traurige Geschichte des Unfruchtbarmachens, weil überhört worden ist, was uns Gottes Wort von den Konsequenzen von Weihnachten sagt. Darum ist es nötig, daß uns mit der Botschaft von dem, was geschehen ist im Kommen Jesu von Bethlehem bis Golgatha, zugleich auch gezeigt wird, daß dies eine lebendige, drängende, auf Veränderung drängende Botschaft ist, und darum ist unser heutiges Losungswort nicht ein unweihnachtliches, unfreudiges, enttäuschendes, wie eine kalte Dusche wirkendes Wort, sondern hat teil an der freudigen Herrlichkeit der Weihnachtsbotschaft und deckt sie erst ganz auf, wie überhaupt in der Bibel kein noch so ernstes, noch so strenges, noch so erschreckendes Wort steht, das nicht durchtränkt wäre vom seligen Lichte des gnädigen Kommens Gottes zu uns Menschen. Erst wenn man dieses Licht sieht, ist jedes strenge Bibelwort recht verstanden – aber erst wenn man die unbequeme Strenge nicht wegläßt, ist das Licht in seiner ganzen Herrlichkeit zu sehen.

G. Rezensionen

11. Schallplatten

a) Tibia (Magazin für Freunde alter und neuer Bläsermusik)

[...] In den Archivaufnahmen mit Bach erscheint Preston sehr viel weniger präsent. Ob im Tripelkonzert gezügeltes Temperament bis zur Zurückhaltung des weichen glatten Flötenklanges Absicht des Interpreten oder der Technik ist, läßt sich schwer ausmachen. Gewiß, das Stück ist ein Cembalokonzert (was die kurz weggeworfene Kadenz im dritten Satz nicht gerade zeigt), doch ist auch die Flöte nicht nur im tuttifreien Adagio ein Teil des Concertinos. Während Einzelheiten in der Führung des Ensembles sehr überzeugend herauskommen (Anschluß der Fuge), gilt das nicht gerade für die Gesamtkonzeption. Sie scheint den Interpreten im Gegensatz eines italienisch-Vivaldi-bezogenen und eines französisch-Lully-bezogenen Spielstils vorgeschwebt zu haben. Dabei befriedigt die Suite allerdings ob ihrer asthmatischen Attitüden nicht immer, auch ist absolut unbegreiflich, warum in der Ouvertüre (laut Klappentext mit majestätischen Graveteilen à la française) das Tempo eben dieser Teile MM ca. 88 im Viertel ist. Die Übergänge in und aus dem Mittelteil (bei MM ca. 104) sind dementsprechend unorganisch und unfallträchtig. Wenn dem Französischen etwas zeremoniell Steifes, dabei distanziert, leicht unterkühlt, aber Perfektes immanent sein sollte, dann ist es hier wohl getroffen. Nach seiner Lebens- und verbalen Ausdrucksweise halten die meisten allerdings Bach für einen sehr temperamentvollen Musiker. – Mit der überscandierten Polonaise versöhnt Preston durch die schöne Anlage der Badinerie, die er auf seiner Rottenburgh-Kopie von Glatt perfekt bläst. *Nikolaus Delius*

b) Frankfurter Allgemeine Zeitung

[...] In der Interpretation von Kenneth Gilbert und Trevor Pinnock – abwechselnd auf Cembalo und Hammerklavier – verbinden sich musikantischer Elan und ausgeprägte Detailversessenheit. Bei insgesamt transparentem Klangbild belebt das Duo die sequenzbestimmten Linien der Werke durch wirkungsvollen artikulatorischen Kontrast, leichtes Rubato und dynamische Abstufung. Die Spielweise der beiden Briten hinterläßt einen ungemein kultivierten Eindruck.

Demgegenüber packen die Amerikaner Joseph Payne und Anthony Newman kerniger zu. Ihr Spiel wirkt insgesamt druckvoller, agogisch gespannter, weniger dem motivischen Detail als der großen Linie verpflichtet. Beide Künstler sehen das Zentrum der Konzerte offensichtlich in den wuchtigen Tutti-Blöcken, auf die sie – Tempo und Lautstärke steigernd – zuspielen und in denen sie klangliche Pracht zu entfalten suchen. Ihr Vortrag ist im Vergleich mit dem der Engländer kompakt, stämmig, gleichsam untersetzt, ohne jedoch grob und laut zu sein. Während die Briten sich auf Cembalo und Hammerklavier beschränken, kombinieren die Amerikaner Cembalo und Orgel und nutzen die mit der Orgel gewonnenen reichen klanglichen Möglichkeiten ausgiebig. Dennoch fällt es schwer, eine Interpretation vorzuziehen. Beide Duos wissen mit der Echtheit ihres Temperaments zu überzeugen und Solers Konzerten eindrucksvolle Seiten abzugewinnen.

Albrecht Goebel

c) Die Zeit

»Maazel – Lama.« Das ist ein Spaß: Der Dirigent Lorin Maazel und die 127 Musiker des Cleveland-Orchesters führen elf Chansons des französischen Komponisten Serge Lama in symphonischen Versionen auf: melodienselig und schwatzhaft, operettenhaft und auf eine ehrgeizige Weise kleinkariert, immer um den Widerspruch der seriösen

Albernheit bemüht. Es ist schon komisch, wenn der Bläser-
apparat im Hintergrund gluckst und rumpelt, wenn es
schmachtend quietscht und zittert und lärmend jubelt, wenn
»Der Sklave« mit ägyptischen Klangfarben angestrichen
wird oder aus einem Couplet ein symphonischer Schinken
wird, wenn Ravel aufklingt und Glöckchen klingen. Das
hat, man merkt es, den soignierten Damen und Herren
großen Spaß gemacht. (CBS 73973)   *Manfred Sack*

d) Mädchen

Chrissy: »Mark my Words« (Strand 6.12967): Beim ersten
Anhören würde man jede Wette eingehen, daß hier Debbie
Harry von Blondie singt. Die Australierin Chrissy, ein
bisher völlig unbekannter Name, liefert auf ihrer ersten
Single eine peppige, unheimlich eingängige New-Wave-Dis-
coscheibe. Hier stimmt alles, von den aufregend gehauchten
Vokalpassagen über den jagenden Rhythmus bis zu den
peitschenden Gitarren-Riffs. Hitverdächtig!

Gerald Büchelmaier

12. Gemäldeausstellung

Sprachzeichen und Zauberformeln (Die Zeit)

[...] Dieter Koepplin vom Basler Kunstmuseum, ein bered-
ter Deuter und Autor gründlicher, langer Katalogvorworte,
hat 1975 bei der ersten großen Penck-Ausstellung (Kunst-
halle Bern) bekennen müssen, daß es ihm die Sprache verschlagen habe. Was macht so sprachlos?
Der Blick sucht vergebens nach dem zielführenden Einstieg,
nach der Schlüsselstelle. Er bleibt hängen in den Verfilzun-
gen aus Bildlogik und sinnlicher Wucht. Die Ruhepunkte
sind selten: Die Gestik einer Strichfigur mit erhobenen

Armen vielleicht oder die Repetition eines einfachen, hiero-
glyphenähnlichen Zeichens. Aber schon lenken die Knäuel
drum herum wieder ab, weisen weg vom Detail auf das
Zusammenwirken der Details. Was wohl sprachlos macht
angesichts dieser Bilder, das ist ihre »Beladenheit« – daß sie
so ausgefüllt, so erfüllt sind. Dramatische Kompromisse
scheinen sich ja auf ihnen abzuspielen. Denn genau besehen
ist jedes Bild nur Ausschnitt einer größeren Anstrengung,
einer noch größeren Möglichkeit. [...]

Hans-Joachim Müller

H. Politische Rede

13. Parlamentsreden

a) Otto Fürst von Bismarck (19. Februar 1878)

Die freie Hand, welche Deutschland sich erhalten hat, die
Ungewißheit über Deutschlands Entschließungen mögen
nicht ganz ohne Mitwirkung in der bisherigen Erhaltung des
Friedens sein. Spielen Sie die deutsche Karte aus, werfen Sie
sie auf den Tisch – und jeder weiß, wie er sich danach
einzurichten oder sie zu umgehen hat. Es ist das nicht
praktisch, wenn man den Frieden vermitteln will. Die Ver-
mittelung des Friedens denke ich mir nicht so, daß wir nun
bei divergierenden Ansichten den Schiedsrichter spielen und
sagen: »So soll es sein, und dahinter steht die Macht des
Deutschen Reiches«, sondern ich denke sie mir bescheide-
ner, ja, – ohne Vergleich im übrigen stehe ich nicht an,
Ihnen etwas aus dem gemeinen Leben zu zitieren – mehr die
eines ehrlichen Maklers, der das Geschäft wirklich zustande
bringen will.

b) Adolf Hitler (24. Februar 1945)

Nur ein bürgerlicher Schwachkopf aber kann sich einbilden, daß die Flut aus dem Osten nicht gekommen sein würde, wenn ihr Deutschland statt mit Kanonen, Panzern und Flugzeugen mit papiernen Völkerrechten entgegengetreten wäre! Wir werden in diesem Jahrhundert und vor allem in unserer eigenen Zeit gewogen, ob wir standfest genug sind, einem Einbruch Innerasiens zu begegnen, wie ihn die Welt seit der Zeitenwende schon öfter erlebt hat. So wie der Hunnensturm aber nicht gebrochen werden konnte durch fromme Wünsche und Ermahnungen, so wie die jahrhundertelangen Einfälle aus dem Südosten in unser Reich nicht abgewehrt wurden durch diplomatische Kunststücke, und der Mongolensturm nicht haltmachte vor alten Kulturen, so wird auch diese Gefahr nicht beseitigt durch das Recht an sich, sondern nur durch die Kraft, die hinter diesem Recht steht. Das Recht selbst liegt in der Pflicht der Verteidigung des uns vom Schöpfer der Welten gegebenen Lebens. Es ist das heiligste Recht der Selbsterhaltung. Das Gelingen dieser Selbsterhaltung aber hängt ausschließlich von der Größe unseres Einsatzes und der Bereitwilligkeit ab, jedes Opfer auf uns zu nehmen, um dieses Leben für die Zukunft zu erhalten. Wir tun dabei nichts anderes, als was die germanischen und lateinischen Rassen in der Zeit der Völkerwanderung tun mußten, nichts anderes, als was unseren Vorfahren in den langen Jahren der Türkenkriege auferlegt worden war und was den großen Mongolensturm endlich doch noch abgehalten hat, unseren Kontinent ebenfalls in eine Wüste zu verwandeln. Nicht in einer Völkerbundsversammlung, sondern in der Schlacht auf den katalaunischen Gefilden ist Etzels Macht gebrochen worden, und nicht in einer Genfer Schwatzbude oder durch irgendeine andere Konvention wird der asiatische Bolschewismus zurückgeschlagen, sondern ausschließlich durch den Siegeswillen unseres Widerstandes und durch die Kraft unserer Waffen.
Wie schwer dieser Kampf nun ist, das wissen wir alle. Was

immer wir aber auch dabei verlieren, es steht in keinem Verhältnis zu dem, was wir verlieren würden, wenn er nicht erfolgreich seinem Ende entgegenginge. Was der Bolschewismus ist, das erleben nun einzelne Gebiete im Osten unseres Reiches am eigenen Leibe. Was dort unseren Frauen, Kindern und Männern von dieser jüdischen Pest zugefügt wird, ist das grauenhafteste Schicksal, das ein Menschengehirn sich auszudenken vermag. Dieser jüdisch-bolschewistischen Völkervernichtung und ihren westeuropäischen und amerikanischen Zuhältern gegenüber gibt es deshalb nur ein Gebot: Mit äußerstem Fanatismus und verbissener Standhaftigkeit auch die letzte Kraft einzusetzen, die ein gnädiger Gott den Menschen in schweren Zeiten zur Verteidigung seines Lebens finden läßt. Was dabei schwach wird, fällt, muß und wird vergehen. So wie einst die feigen bürgerlichen Kompromißparteien von der bolschewistischen Welle erst in die Ecke manövriert und dann hinweggefegt worden sind, so verschwinden heute alle bürgerlichen Staaten, deren borniente Vertreter glauben, mit dem Teufel ein Bündnis abschließen zu können in der Hoffnung, listiger zu sein, als er satanisch ist. Es ist eine schaurige Wiederholung des einstigen innerdeutschen Vorganges in der gewaltigen weltpolitischen Ebene des heutigen Geschehens. Aber genau so, wie wir damals am Ende über den borniente kleinbürgerlichen Parteipartikularismus hinweg den bolschewistischen Gegner zu Boden warfen und den nationalsozialistischen Volksstaat begründeten, so werden wir heute über das Gemengsel bürgerlich-demokratischer Staatsmeinungen den Sieg erringen und ihn mit der Vernichtung des Bolschewismus krönen. Als Rom nach der Schlacht von Cannae seine schwersten Stunden erlebte, siegte es nicht durch den Versuch eines feigen Kompromisses, sondern durch den kompromißlosen Entschluß, den Kampf für sein Dasein unter Aufgebot der letzten Volkskraft weiterzuführen. Als selbst der Zweite Punische Krieg den afrikanischen Vorstoß nicht endgültig zu beseitigen vermochte, beendete ihn der Dritte!

c) Erste Beratung der Ostverträge im Deutschen Bundestag
(Sitzung am 24. Februar 1972)

Bundesminister *Helmut Schmidt*: Meine Damen und Herren, ich fasse zusammen. Im Kern unserer Friedens- und damit unserer Sicherheitspolitik stehen das Streben nach Gleichgewicht und das Streben nach Beseitigung von Konflikt- und Krisenherden.

Ich sage Ihnen, der deutsch-sowjetische Vertrag und auch der deutsch-polnische Vertrag verändern in keiner Weise die politische, die rechtliche, die militärische oder gar die wirtschaftspolitische Grundlage unserer Sicherheit. Aber diese Verträge beseitigen Unsicherheit und Verdächte, sie verringern die Gefahr von Krisen.

Das Viermächte-Abkommen über Berlin wird aus dem bisherigen Krisenherd Berlin einen sicheren Ort machen.

Ich bitte Sie, sich in den Vereinigten Staaten von Amerika und in Washington davon zu überzeugen, was für eine Erleichterung das auch für unsere Bündnispartner ist.

Unsere Vertragspolitik ist organischer Bestandteil der sicherheitspolitischen Konzeption des gesamten westlichen Bündnisses. Die Verträge dienen unserer Sicherheit und der Sicherheit unserer Nachbarn; sie entspringen unserem festen Willen zu guter Nachbarschaft und zum Frieden. Ohne beide Verträge, ohne das Viermächte-Abkommen über Berlin, das als ihre erste und existentiell wichtige Frucht zur Debatte dazugehört, ohne dieses Vertragswerk werden die Interessen der Deutschen schweren Schaden nehmen. Mit diesen Verträgen – dieser Überzeugung ist mit uns die große Mehrheit unseres Volkes – dienen wir dem Frieden.

Abgeordneter *Franz Josef Strauß*: Ein Ja zu diesen Verträgen bedeutet einen Bruchpunkt auf der Straße ins Unheil. Außenpolitische Fehler werden in dem Zeitpunkt, in dem sie begangen werden, nie erkannt. Sie werden oft erst nach Ablauf einer Generation oder eines halben Jahrhunderts rückwirkend als Bruchpunkt auf der Straße zum Unheil erkannt. Meine politischen Freunde und ich sind der Überzeugung, daß diese Verträge in der vorliegenden Fassung, die über den militärischen Gewaltverzicht und die Bereitschaft zur Zusammenarbeit hinausgeht, einen Bruchpunkt in der deutschen Nachkriegsgeschichte bedeuten auf einer Straße, an deren Ende nur Unheil stehen kann.

14. Wahlreden

a) Bundeskanzler Helmut Schmidt (Wahlparteitag Essen, 9./10. Juni 1980)

Wir werden an unserer finanzpolitischen Linie festhalten – zu der gibt es keine vernünftige Alternative –: strengste Kriterien für neue Ausgaben, schrittweise Rückführung der öffentlichen Kreditaufnahme, Wiederherstellung des finanziellen Gleichgewichts zwischen Bund und Ländern. Ich bin in diesen drei Punkten mit Hans Matthöfer vollständig einig. Wir wissen beide: Stabile Finanzwirtschaft unseres Landes ist ein Eckpfeiler für unsere deutsche Friedensverantwortung in Europa, und das meine ich ganz wörtlich. (Beifall.)
Ich will darauf nachher noch einmal zurückkommen, wenn ich über Außenpolitik spreche.
Wir werden in den kommenden vier Jahren auf dem Felde der Sozialpolitik wichtige Schritte nach vorn tun. Natürlich lag bisher und liegt zukünftig der Schlüssel für die Sicherung der Rentenfinanzen in einer ausreichenden Beschäftigung und ausreichenden Produktivität unserer Wirtschaft. Wir haben dadurch bisher nicht nur die Rückwirkungen der Weltrezession auf die Rentenfinanzen auffangen können, sondern wir haben die Maschen des sozialen Netzes zusätzlich noch verdichtet. Die Rentenfinanzen sind gesund. Auf dieser Basis werden wir die Aufgaben lösen, die in den nächsten Jahren vor uns liegen: die Neuordnung der Hinter-

bliebenenversorgung mit gleichen Rechten für Männer und Frauen, die der Kernpunkt einer zukunftsgerechten Weiterentwicklung werden soll.

b) Spitzenkandidat der CDU NRW Dr. Rainer Barzel (Landesparteitag Westfalen-Lippe in Gütersloh, 9. August 1980)

Die Welt wird voller und enger, der Kampf um die Ressourcen und die Marktanteile wird härter.

In dieser Lage müssen wir gleichwohl exportieren, wenn wir zu Hause Vollbeschäftigung und soziale Sicherheit haben wollen. Wir brauchen auch weiterhin Wachstum – freilich diesseits der ökologischen Grenzen, die der Mensch mit neuer Technik erweitern kann.

Das alles wird nur gelingen, wenn wir die Elastizität, die Anpassungsfähigkeit unserer Unternehmen steigern, indem wir wegnehmen, was hindert und hemmt. Nur so werden wir uns in Zukunft behaupten.

Leider ist die Lage anders: Die Elastizität unserer Unternehmen schrumpft. Von außen gesetzte Daten und Ungewißheiten schnüren mehr und mehr den Freiheitsraum der unternehmerischen Entscheidung ein. Paragraphen und Formulare aus dem Innern erdrosseln zunehmend die Lust am Wagnis. Die Energiepolitik erschwert eine berechenbare und verantwortbare Vorausschau, z. B. für Investitionen. Immer neue politische Pläne produzieren Fragezeichen statt Gewißheit und Vertrauen. Die Lage des Mittelstandes bringt den Motor der Elastizität unserer Volkswirtschaft immer mehr zum Stottern.

In diesem Zustand werden wir die ökonomischen Probleme, die vor uns liegen, nicht lösen. Schon in wenigen Jahren werden alle spüren, was im letzten Jahrzehnt versäumt und verschlechtert worden ist!

Wir brauchen eine neue Politik, eine Entscheidung in Erhardscher Dimension: Was damals Bezugscheine waren, das ist heute die Wanderdüne der Paragraphen. Mehr frische Luft! Bremsklötze weg! So heißt die Politik, die Paragraphen streicht, Formulare beschränkt, die Hemmnisse abbaut und jedwede Gängelei unterbindet.

I. Geschichtsbücher aus Ost und West

15. Darstellung der Französischen Revolution: Der Sturm auf die Bastille

a) Geschichte 7 (Volk und Wissen)

Die Nationalversammlung verlangte vom König, er solle die um Versailles und Paris versammelten Regimenter zurückziehen. Aber Ludwig XVI. weigerte sich.

Mit Windeseile verbreitete sich am 12. Juli 1789 diese Nachricht in den Straßen von Paris. Die Straßen, Plätze und Parks waren voller Menschen. Überall sprachen Redner zum Volk. Einer von ihnen hieß *Camille Desmoulins*. Er arbeitete bei einer Zeitung und war eng mit Robespierre befreundet. Mit zwei Pistolen in der Hand sprang er auf den Tisch vor einem Kaffeehaus und rief: »Bürger, es ist kein Augenblick zu verlieren. Noch diesen Abend werden die Regimenter hereinrücken, um uns zu erwürgen. Nur eine Rettung bleibt uns, zu den Waffen zu greifen! Zu den Waffen, Volk von Paris!«

Die Sturmglocke wurde geläutet, und das Volk stürmte die Läden der Büchsenmacher, um sich zu bewaffnen. Die meisten Soldaten schlossen sich dem Volk an. Am 14. Juli ging die Suche nach Waffen weiter. Die Menge drang in das königliche Waffenarsenal ein und entdeckte dort 32 000 Gewehre. Jetzt ertönte der Ruf: »Zur Bastille!« Sie allein war noch in der Hand königlicher Truppen. Diese verhaßte Festung mit ihren acht Türmen, den 30 Meter hohen Mauern und den Wassergräben besaß zahlreiche Geschütze und ein großes Pulvermagazin. Der adlige Kommandant hatte die Geschütze auf die Häuser der Vorstadt St. Antoine richten lassen. Zweimal wies er Abgesandte des Volkes, die ihn aufforderten, die Waffen herauszugeben, zurück. Als sich die dritte Abordnung näherte, ließ er auf sie schießen. Es gab zahlreiche Tote. Das erregte den Zorn des Volkes. Die bewaffneten Handwerker, Gesellen und Arbeiter erwiderten das Feuer. In einem vierstündigen Kampf drangen die Belagerer durch die äußeren Höfe gegen das Haupttor vor. Dann rollten Soldaten, die zum Volk übergegangen waren, Kanonen herbei und nahmen das Tor unter Feuer. Der Kommandant wollte die Festung in die Luft sprengen, doch seine Soldaten hinderten ihn daran. Er ergab sich schließlich und ließ die Zugbrücke herab. Das Volk stürmte in den Innenhof der Festung. Der Kommandeur fiel dem gerechten Zorn des Volkes zum Opfer. In Paris verbreitete sich der Ruf: »Sieg, Sieg! Die Bastille ist gefallen!« Paris jubelte; auf den Straßen und Plätzen wurde getanzt, wie seither an jedem 14. Juli.

Eine Liste, die ein Mitkämpfer anfertigte, gibt Auskunft über die Sieger der Bastille. Sie nannte 100 Tote, 662 Überlebende. Zu den Überlebenden gehörten 412 Handwerker und Gesellen, 150 Lohnarbeiter, 80 Soldaten (kein Zivilberuf angegeben), 9 Ladenbesitzer, 8 Kaufleute, 3 Fabrikbesitzer.

Nach der Erstürmung der Bastille befand sich ganz Paris in der Hand des Volkes. Der König erkannte jetzt die Nationalversammlung als Vertretung des Volkes, die dem Land eine Verfassung geben sollte, an. Er mußte auch seinen Wohnsitz nach Paris verlegen, wo ihn das Volk besser überwachen konnte. Damit hatte das Volk von Paris den bürgerlichen Abgeordneten der Nationalversammlung zur Macht verholfen.

b) Das Werden des nationalen Staates (Klett)

Da der König seiner Leibgarde nicht mehr trauen konnte, verlegte er königstreue Regimenter aus der Provinz in die Umgebung von Paris. Die Truppenbewegungen wirkten jedoch nicht einschüchternd, sondern stachelten die Erregung noch an.

»Ein junger Mann, der auf einen Tisch gestiegen war, schrie: ›Zu den Waffen! Zu den Waffen!‹ Die ihn umringende Menge betrachtete ihn zunächst schweigend, dann aber brach sie in ein wildes Geschrei aus. – Das Volk erbrach die Türen des Arsenals und entwendete 28 000 Gewehre, die in den Kellern unter Stroh versteckt lagen. In weniger als 36 Stunden wurden 50 000 Piken fertiggestellt« (Aus zeitgenössischen Berichten).

Düster ragte mitten in Paris die *Bastille* auf, Stadtburg und Gefängnis zugleich. Sie war schon seit langem Gegenstand des Hasses und der Furcht, ein Sinnbild der Gewalt. Ohne Rücksicht auf Verluste griff eine Volksmenge die starken Mauern und Türme an. Nach wenigen Stunden ergab sich der Kommandant gegen freien Abzug. Vor den Mauern wurde er jedoch mit mehreren seiner Leute von wütendem Pöbel niedergemetzelt. Die Übergabe der Bastille machte ungeheuren Eindruck. Lähmender Schrecken herrschte in der Umgebung des Königs. Die Massen hatten ihre Stoßkraft bewiesen.

Es bildeten sich Bürgergarden, die die Stadtfarben von Paris, Blau und Rot, als Kokarde trugen. Später wurde das Weiß der Königsstandarte hinzugefügt; so entstand die *Trikolore*, die französische Nationalflagge. Die Bastille wurde bis auf den letzten Stein niedergerissen; den Tag des Bastillesturmes begehen die Franzosen als Nationalfeiertag.

Auf die Kunde vom Aufruhr in Paris erhoben sich die Bauern in vielen Teilen Frankreichs gegen ihre Grundherren. Schlösser gingen in Flammen auf, und Edelleute, die sich durch Härte und Habsucht verhaßt gemacht hatten, fanden einen grausamen Tod. Die alte Staatsgewalt brach zusammen.

1. Aristoteles: Die Übertragung eines fremden Nomens

Metapher ist die Übertragung eines fremden Nomens, entweder von der Gattung auf die Art oder von der Art auf die Gattung oder von einer Art auf eine andere oder gemäß der Analogie. Von der Gattung auf die Art ist es etwa in dem Beispiel: »Dies Schiff steht mir nun still«, wobei das Vor-Anker-Liegen als eine Art von Stillstehen bezeichnet wird. Von der Art auf die Gattung ist es hier: »Odysseus hat zehntausend edle Dinge vollbracht«, wobei zehntausend »viel« meint und an Stelle von »viel« gesetzt ist. Von einer Art auf die andere ist es in folgendem: »mit dem Erze die Seele abschöpfend« und »abschneidend mit dauerhaftem Erze«, wobei das »Abschöpfen« soviel wie »schneiden« und das »Schneiden« soviel wie »abschöpfen« bedeuten soll. Das eine wie das andere ist eine Art von Wegnehmen. Analogie nenne ich es, wo das zweite sich zum ersten verhält wie das vierte zum dritten. Dann wird an Stelle des zweiten das vierte gesagt oder an Stelle des vierten das zweite. Und gelegentlich wird auch beigefügt, auf was es sich bezieht und wofür es gesetzt ist. So verhält sich etwa der Becher zu Dionysos wie der Schild zu Ares. Dann wird man den Becher »Schild des Dionysos« nennen und den Schild »Becher des Ares«. Oder wie das Alter sich zum Leben verhält, so verhält sich der Abend zum Tage. Man wird also den Abend »Alter des Tages« nennen und das Alter »Abend des Lebens« oder wie Empedokles »Sonnenuntergang des Lebens«. Zuweilen steht der analoge Begriff nicht zur Verfügung, aber dennoch formuliert man in derselben Weise. So nennt man die Frucht ausstreuen »säen«, für das Entsenden der Flamme durch die Sonne gibt es aber keinen Namen. Aber dennoch verhält sich dies bei der Sonne gleich wie das Säen bei der Frucht und so wird gesagt »säend die gottgegründete Flamme«.

Man kann diese Art der Metapher auch anders verwenden, indem man gleichzeitig das Fremde nennt und etwas vom Zugehörigen verneint; also wie wenn man den Schild nennen wollte »Becher«, aber nicht »des Ares«, sondern »ohne Wein«.

2. Quintilian: Die Metapher als kunstvolle Vertauschung

Ein Tropus ist die kunstvolle Vertauschung der eigentlichen Bedeutung eines Wortes oder Ausdruckes mit einer anderen. [...]
Wir wollen nun mit dem Tropus beginnen, der der häufigste und zudem der bei weitem schönste ist; ich meine die *translatio* (Bedeutungsübertragung), die bei den Griechen *Metapher* heißt. Sie ist uns zwar schon von der Natur selbst soweit zueigen gemacht, daß auch Menschen ohne Schulung und ohne es zu merken oft von ihr Gebrauch machen, wirkt aber auch so erfrischend und strahlend, daß sie, auch wenn sie in einem noch so glänzenden Rede-Zusammenhang erscheint, doch noch ein eigenes Licht verbreitet. Denn wenn sie nur richtig verwendet ist, kann sie weder gewöhnlich noch niedrig noch unangenehm wirken. Auch mehrt sie die Ausdrucksfülle durch Austausch und Entlehnung, wo ein Ausdruck fehlt, und sie leistet der Sprache den allerschwierigsten Dienst, daß nämlich keinem Ding seine Benennung zu mangeln scheine. Übertragen wird also ein Nomen oder Verbum von der Stelle, wo seine eigentliche Bedeutung liegt, auf die, wo eine eigentliche Bedeutung fehlt oder die übertragene besser ist als die eigentliche. Wir tun dies entweder, weil wir es müssen oder weil so der Ausdruck bezeichnender oder weil er so, wie schon gesagt, schöner wird. Wo die Metapher nichts hiervon leistet, erweist sie sich als unangebracht. Notgedrungen sprechen die Landwirte bei den Reben von »Augen« – denn wie sollten sie sonst dafür sagen? – oder »die Saat dürste« und »die Frucht

habe so [...] [...] nen wir einen
Menschen »hart« oder »rauh«; denn wir hatten ja keine
eigentliche Benennung, die wir einer solchen Verfassung
geben könnten.

»Zorn-entbrannt«, »von Begierde entflammt« und »in einen
Fehler verfallen« nennen wir jemanden schon um des
bezeichnenden Ausdrucks willen, denn nichts hiervon wird
durch eigene Ausdrücke eigentümlicher bezeichnet als durch
diese entlehnten. Zum Schmuck schließlich dienen die Metaphern »Glanzpunkt der Rede«, »Glanz des Geschlechtes«,
»Wogen der Versammlungen« und »Blitze der Beredsam-
keit«, wie ja Cicero in der *Rede für Milo* Clodius »die
Quelle von dessen Ruhm« nennt und an anderer Stelle
»Saatfeld und Baustoff«. Manches sogar, was nur höchst
unschön zu sagen ist, läßt sich durch eine Metapher darle-
gen, wie: »Solches geschieht, damit kein träges Fett der
Empfängnis Acker und Furche verschlämmt und verstopft«.
Im ganzen aber ist die Metapher ein kürzeres Gleichnis und
unterscheidet sich dadurch, daß das Gleichnis einen Vergleich mit dem Sachverhalt bietet, den wir darstellen wollen,
während die Metapher für die Sache selbst steht. Eine Ver-
gleichung ist es, wenn ich sage, ein Mann habe etwas getan
»wie ein Löwe«, eine Metapher, wenn ich von dem Manne
sage: »Er ist ein Löwe.« Die gesamte Wirkung der Metapher
aber entfaltet sich offenbar vor allem auf 4 Gebieten: wenn
bei belebten Dingen eins für das andere gesetzt wird, wie
etwa vom Wagenlenker gesagt wird: »mächtig die Kraft, mit
der der Steuermann sein Gespann riß« (oder wie Livius
berichtet, Scipio sei von Cato immer wieder »angebellt
worden«). Oder es werden unbelebte Dinge statt anderer
von der gleichen Art genommen, wenn etwa (Äneas) »läßt
die Zügel schießen der Flotte«. Oder (drittens) werden statt
belebter Dinge unbelebte genommen: »bracht' Schicksal
oder Schwert der Griechen Wehr zu Fall?« Oder umgekehrt
(viertens): »Es sitzt nichtsahnend auf hohen / Felsens Schei-
tel der Hirt, wo er vernimmt das Getöse«.

Die Metapher ist eines der wichtigsten Mittel zur Schöpfung von Benennungen für Vorstellungskomplexe, für die noch keine adäquaten Bezeichnungen existieren. Ihre Anwendung beschränkt sich aber nicht auf die Fälle, in denen eine solche äußere Nötigung vorliegt. Auch da, wo eine schon bestehende Benennung zur Verfügung steht, treibt oft ein innerer Drang zur Bevorzugung eines metaphorischen Ausdrucks. Die Metapher ist eben etwas, was mit Notwendigkeit aus der menschlichen Natur fließt und sich geltend macht nicht bloß in der Dichtersprache, sondern vor allem auch in der volkstümlichen Umgangssprache, die immer zu Anschaulichkeit und drastischer Charakterisierung neigt. Auch hiervon wird vieles usuell, wenn auch nicht so leicht wie in den Fällen, wo der Mangel an einer andern Bezeichnung mitwirkt.

Es ist selbstverständlich, daß zur Erzeugung der Metapher, soweit sie natürlich und volkstümlich ist, in der Regel diejenigen Vorstellungskreise herangezogen werden, die in der Seele am mächtigsten sind. Das dem Verständnis und Interesse ferner Liegende wird dabei durch etwas Näherliegendes anschaulicher und vertrauter gemacht. In der Wahl des metaphorischen Ausdruckes prägt sich daher die individuelle Verschiedenheit des Interesses aus, und an der Gesamtheit der in einer Sprache usuell gewordenen Metaphern erkennt man, welche Interessen in dem Volke besonders mächtig gewesen sind.

4. Karl Bühler:
Die selektive Wirkung der Sphärendeckung

Eine exakte Verifizierung des hier skizzierten und ursprünglich an Kinderbeobachtungen konzipierten Modellgedan-

kens üb   h bis heute
ausführen konnte. Die einfachste *technische* Analogie zu
dem besagten Modell wäre etwa die folgende: Wenn ich in
einen Projektionsapparat an Stelle eines Diapositivs eine
lichtundurchlässige Pappscheibe mit ausgestanzten Löchern
gebe, werden auf der Leinwand Lichtflecke von der Form
meiner Löcher sichtbar. Schiebe ich dazu eine zweite
Scheibe mit anderer Lochung hinein, dann entsteht auf der
Leinwand ein *Differenzphänomen,* d. h. Lichtflecke nur
soweit, als Loch oder Lochteil der einen Scheibe auf ein
Loch in der anderen trifft. Sind meine Öffnungen lange
Spalten und irgendwie, z. B. parallel auf jeder Scheibe, aber
auf beiden in verschiedener Richtung angeordnet, wie in
folgender Skizze, dann erhalte ich als Differenzbild ein
wieder leicht übersichtliches Muster:

  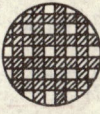

[...] Die Frage ist, ob ein *Doppelgitter* oder *Doppelfilter* im
technischen Bereich Leistungen ermöglicht, die als Analoga
zu den ungemein feinen Abstraktionswirkungen der metaphorischen Sphärendeckung betrachtet werden dürfen.
Wenn ich im Munde der Schwarzwaldbewohner den Namen
»Hölzlekönig« finde für einen Baum, den ich noch nicht
gesehen habe; wenn ich den Ausdruck sofort verstehe und
mit *H. Paul* als eine »drastische« Charakteristik empfinde,
so erwächst mir als Psychologe die Aufgabe, die Entstehung
meines Phantasiebildes im Anschluß an jenen Ausdruck
psychologisch (psychophysisch) in einfacher Weise begreif-
lich zu machen.
Die Begriffssphäre *Wald* und die Begriffssphäre *König* werden vereinigt; dasselbe Gesamtobjekt soll beiden zugleich
genügen. Ich denke also Königliches einem Baum an. Daß
ich gerade so und nicht umgekehrt verfahre, das lehrt mich

das metaphorische Kompositum allein noch nicht, ein »Hölzlekönig« könnte auch ein Mensch sein, dem ich ein Waldreich zudenke und mit dem Wald eine königliche Rolle unter anderen Besitzenden. Dann läge ein wesentlich anderer Fall vor. Die Zusammenstellung »ein königlicher Baum« täte ungefähr dieselben Dienste, wirkt nur weniger »drastisch« in jener Textstelle und wäre obendrein noch mehrdeutig. Ginge ich analytisch vor und setzte unmetaphorisch Adjektiva zu dem Namen »Baum« (der größte, der schönste, überragend, beherrschend), so müßte ich sie häufen, um einigermaßen denselben Bedeutungs- und Vorstellungseffekt zu erreichen wie durch die Sphärenmischung.

Die selektive Wirkung der Sphärendeckung braucht kaum eigens herausgearbeitet zu werden; man halte irgendein neugeschliffenes anderes Beispiel oder die abgegriffene Metapher »Salonlöwe« daneben: »Freund N. ist ein Salonlöwe geworden«. Es gibt am Wüstenbewohner »Löwe« gar viele sprichwörtlich fixierte Eigenschaften, darunter auch Blutgier und Kampfgeist. Die Sphäre »Salon« aber *deckt sie ab*, genau wie die Baumsphäre alle nicht passenden Königseigenschaften abdeckt; ich werde auf dem Spaziergang im Schwarzwald zum Hölzlekönig nicht Krone und Purpurmantel und beim Rendez-vous mit Freund Salonlöwe nicht Blutdurst und männlichen Kampfgeist erwarten. Wie solches Abdecken zustande kommt im psychophysischen System, ist eine der zentralen Fragen an die Sprachpsychologie.

5. Harald Weinrich:
Konterdetermination bei der Metapher

Ein Gedicht von Verlaine beginnt: *Votre âme est un paysage choisi.* Der Vers lebt von der Metapher, die der Form nach eine Identifikationsmetapher ist. Die Seele wird einer erlesenen Landschaft gleichgesetzt, und bald, in den weiteren

Verse [...] ammlung *Fêtes galan[...]* ierten Sängern und Tänzern bevölkern. Nachdem man die Metaphorik gebührend bewundert hat, darf man vielleicht analysierend fragen, was mit den sechs Wörtern des zitierten Verses geschehen ist, daß wir von Metaphorik sprechen. Welches der sechs Wörter trägt diese Metaphorik? Unser Blick richtet sich auf das Wort *paysage*. Denn »eigentlich« *(proprie)* ist die Seele ja keine Landschaft. Nur im »uneigentlichen«, übertragenen Sinne *(improprie, metaphorice)* ist die Seele eine Landschaft, wenn der Dichter es so will. Dennoch ist das Wort *paysage*, rein für sich genommen, keine Metapher, sondern ebendieses Wort der französischen Sprache, dessen Bedeutung wir kennen und das ungefähr dem deutschen Wort »Landschaft« entspricht. Darüber kann man sich in einem Wörterbuch unterrichten. Doch welches Wörterbuch man auch befragen mag, »Seele« gehört nicht zur Bedeutung des Wortes *paysage*. Allerdings belehrt uns das Wörterbuch oder – besser – unser Sprachbewußtsein darüber, daß der Bedeutungsumfang dieses Wortes wie auch der meisten anderen Wörter *weit* ist. Alle Arten Landschaft, die unser Auge gesehen oder unsere Phantasie ausgedacht hat, haben darin Platz. Das Wort bezeichnet nur die Klasse, nicht die ihr zugehörigen Gegenstände selber. Es ist ein Abstractum. Kann man sich dennoch mit einem solchen Wort präzise verständigen, oder soll man hier sogleich in die beliebte Klage ausbrechen, die Sprache bleibe hoffnungslos weit hinter dem Denken zurück? Nein, die Sprache bleibt keinen Schritt hinter dem Denken zurück, und mit solchen Wörtern wie *paysage* verständigen wir uns so präzise, wie das Denken nur wünschen mag. Wir gebrauchen nämlich die Wörter der Sprache nicht in der Isolierung, sondern zusammen mit anderen Wörtern in Texten. Hier geben sich die Wörter gegenseitig Kontext und determinieren einander, d. h., sie reduzieren gegenseitig ihren Bedeutungsumfang. Bei dem bloßen Wort »Landschaft«, wenn man es sich einmal isoliert denkt, bleibt unentschieden, ob beispielsweise eine Sommer- oder Winterlandschaft gemeint ist, aber wenn dann der Kontext von Schnee spricht, dann fällt wahrscheinlich aus der weiten Bedeutung »Landschaft« schon die Möglichkeit »Sommerlandschaft« aus. Je mehr Kontext ich hinzugebe, um so mehr Möglichkeiten fallen aus. *Determinatio est negatio*, hat bereits Spinoza gelehrt. Im Text hat daher ein Wort nicht mehr seine weite Bedeutung, sondern nur noch eine gegenüber seiner Bedeutung dem Umfang nach reduzierte und relativ enge Meinung.

Das alles ist elementare Semantik. Elementar mag weiterhin die Feststellung sein, daß alles Gesagte auch für Metaphern gilt. Denn Metaphern, und ich verstehe darunter alle Arten des sprachlichen Bildes von der Alltagsmetapher bis zum poetischen Symbol, werden aus Wörtern gemacht. Weniger elementar wird dann allerdings schon die Beobachtung sein, daß Metaphern, im Unterschied zu Normalwörtern, unter keinen Umständen von den Kontextbedingungen entbunden werden können. Ein beliebiges Wort *kann* isoliert gebraucht werden, z. B. in einer wortgeschichtlichen Untersuchung, also metasprachlich. Wer jedoch eine Metapher von jeglichem Kontext (und dazu ist natürlich immer auch ein Situationskontext zu rechnen) zu entblößen versucht, zerstört damit die Metapher. Eine Metapher ist folglich nie ein einfaches Wort, immer ein – wenn auch kleines – Stück Text. Man darf sich freilich nicht von der ewigen Feindin der linguistischen Analyse, der Orthographie, täuschen lassen: »Windrose«, obwohl nach der deutschen Orthographie in einem Wort geschrieben, ist ein Stück Text, in dem das Element »Wind« dem Element »Rose« Kontext gibt und es zur Metapher hin determiniert. Methodisch ergibt sich daraus, daß das Phänomen der Metapher in einer bloßen Wortsemantik – und die ältere Semantik ist Wortsemantik – nicht adäquat in den Blick kommen kann. Wir haben daher die Wortsemantik notwendig zu einer Textsemantik hin zu überschreiten. (Und es wäre ein großer Irrtum zu glauben, Textsemantik sei dasselbe wie Syntax.)

Wir können nun die eingangs gestellte Frage nach dem

genauen Ort der Metapher in dem Satz *Votre âme est un paysage choisi* wieder aufnehmen. Keines der sechs Wörter dieses Satzes ist identisch mit der Metapher, sondern der ganze Satz – und im weiteren Verstande der ganze Text des Gedichts – *ist* die Metapher. Der Kontext determiniert nämlich das Wort *paysage* in einer besonderen Weise, und ebendadurch entsteht die Metapher. Wort und Kontext machen zusammen die Metapher.

Wir wollen Schritt um Schritt im folgenden näher zu bestimmen suchen, worin das Besondere solcher Kontextdetermination besteht, die Metaphern macht. Ich müßte nun an dieser Stelle eigentlich auf alle Kontroversen um den Bedeutungsbegriff zu sprechen kommen. So weit auszugreifen, muß ich mir aber verwehren und berufe mich statt dessen auf ein Wort, das im *Mann ohne Eigenschaften* von Musil zu lesen ist. Dort heißt es: »Schon ›Hund‹ können Sie sich nicht vorstellen, das ist nur eine Anweisung auf bestimmte Hunde und Hundeeigenschaften.« Die Bedeutung eines Wortes, so wollen wir daraus ableiten, ist wesentlich eine bestimmte Determinationserwartung. Das Wort *paysage* setzt die Erwartung eines Kontextes, in dem wahrscheinlich weiter von Landschaftlichem die Rede sein wird. Statt dessen befindet sich bei Verlaine das Wort tatsächlich in einem Kontext, in dem von etwas ganz anderem die Rede ist, nämlich von Seelischem. Darin liegt die Überraschung. Die in der Wortbedeutung *paysage* angelegte Determinationserwartung wird enttäuscht. Die tatsächliche Determination verläuft in einer anderen Richtung, als wahrscheinlich war. Das Wort erhält zwar auch eine Meinung, aber diese liegt nicht in dem vermuteten Bezirk. Um es geometrisch zu verdeutlichen: die durch den Kontext bestimmte Meinung liegt nicht innerhalb, sondern außerhalb des Bedeutungsumkreises. Es entsteht ein Überraschungseffekt und eine Spannung zwischen der ursprünglichen Wortbedeutung und der nun vom Kontext erzwungenen unerwarteten Meinung. Wir wollen diesen Vorgang *Konterdetermination* nennen, weil die tatsächliche Determination des Kontextes gegen die Determina-

85

tionserwartung des Wortes gerichtet ist. Mit diesem Begriff ist die Metapher definierbar als ein Wort in einem konterdeterminierenden Kontext.

6. Werner Kallmeyer [u. a.]: Die isotope Struktur der Metapher

Bildspender und Bildempfänger, die beiden eine Metapher konstituierenden Komponenten, sollen im folgenden einer genaueren semantischen Strukturanalyse unterzogen werden. Wir stützen uns zu diesem Zweck auf die in den voraufgegangenen Kapiteln erarbeiteten Beschreibungskategorien, insbesondere auf den Begriff der semantischen *Anschließbarkeit* und den der *Isotopie*. Als Beobachtungsgegenstand dient uns der nachstehende Zeitungsausschnitt:

»Mauerblümchen in der Sonne

Die Riesenbaustelle im Atlantik: Gran Canaria stapelt hoch

Schroeders Reiseführer von 1964 tut den Süden von Gran Canaria noch mit ein paar Sätzen ab. Sehenswert wegen seiner Unwirtlichkeit, Faszination der Mondlandschaft, Schönheit des Schrecklichen, Gänsehaut-Panorama. Braunblaue Halbwüste – da wächst, blüht und gedeiht rein gar nichts. Was soll schon wachsen auf Vulkanschotter?
Ein paar Jahre später wachsen dort Hotels, Bungalows, Apartmentstapel, blüht der Tourismus, gedeiht die Bodenspekulation. Aus der Klingstein-Halbwüste ist eine Beton-Halbwüste geworden. Die Vulkane, die als erloschen galten, kreißen und gebären Bauten. Tag für Tag, vom Hotelpalast bis zum Zwergenhäuschen. Am fleißigsten gebären die Berge um Playa del Inglés und Maspalomas. Hier entsteht das größte Ferienzentrum der Canaren – ein wahres Baulöwenfreigehege. Wo die Bagger noch nicht wüten, die Kräne noch nicht ihre Arme schwingen, sind die öden Steinhügel

schon vorsorglich mit meterhohen Lettern besprüht. Deutsche Namen wie ›Sonnenland‹ verheißen neue Bau-Eruptionen. Aussicht garantiert – vielleicht nicht aufs Meer, bestimmt auf Häuser. Was soll's, die Sonne scheint ja. Die Sonne wird hier gehandelt wie ein Allheilmittel. Bedrückt dich was? Nimm einen Schluck Sonne!

Paradies für Poliere

Der Neckermann-Katalog schwärmt: ›Baden, sonnen, richtig erholen. Da ist es eigentlich kein Wunder, daß immer mehr Gäste mit uns hierherkommen. Und da bleibt den Canariern auch gar nichts anderes übrig, als noch mehr Hotels zu bauen. Was sie fleißig tun.‹ Klingt hübsch, aber den Baulärm hört man nicht heraus. ›Ein Paradies‹ verheißt Neckermann. Ein Paradies für Maurerpoliere, die auch im Urlaub engen Kontakt zu ihrer Arbeitswelt brauchen. Die anderen trösten sich mit der Sonne.
Die Reiseleiterin von Dr. Tigges, die gerade alle ihre Schäfchen mit zehn Stunden Verspätung ins Hotel verfrachtet hat, sinkt auf den Barhocker und plaudert. ›Wenn meine Touristen ankommen, fangen sie an zu jammern und wollen sofort wieder nach Hause. Aber nach einer Woche haben sich die meisten daran gewöhnt.‹ Ferien auf dem Bauplatz haben halt auch ihren Reiz. Immerhin scheint die Sonne, mindestens sieben Stunden am Tag. Die Leute, die vom Frendenverkehr leben, sagen das immer so, als könnten sie den Touristen den Braunmacher jederzeit wegnehmen, wenn sie noch lange quengeln. Mauerblümchen in der Sonne [...]«. (Die Zeit, 17. 11. 72)

Dieser Textausschnitt enthält eine Reihe verschiedener Metaphern. Greifen wir eine beliebige heraus:
»Ein paar Jahre später *wachsen* dort *Hotels, Bungalows, Appartementstapel...*«.
Als Bildspender fungiert in dieser Metapher das Lexem *wachsen*; die Lexeme *Hotel, Bungalow, Appartementstapel* fungieren als Bildempfänger. Was läßt sich semantisch über

deren Verhältnis zueinander aussagen? Offenbar liegt hier ein Verstoß gegen eine lexikalische Anschließbarkeitsregel vor. Die Lexeme *wachsen* auf der einen und *Hotel* usw. auf der anderen Seite gelten aufgrund ihrer lexikalisch-semantischen Struktur als inkompatibel. *Wachsen* impliziert – wenigstens an dieser Textstelle – das kontextuelle Merkmal [organisch], welches in *Hotel, Bungalow* und *Appartementstapel* gerade nicht enthalten ist. Folglich sind diese Lexeme auch auf keiner gemeinsamen Isotopieebene installierbar. Entsprechendes läßt sich an den anderen Metaphern des Textes beobachten, wie z. B. an dieser:

»Am fleißigsten *gebären* die *Berge* um Playa del Inglés und Maspalomas.«

Die Lexeme *gebären* und *Berg* lassen sich nicht auf einen gemeinsamen Merkmalnenner bringen, da die ihre Anschließbarkeit definierenden kontextuellen Merkmale [belebt] und [unbelebt] sich gegenseitig ausschließen. Sie etablieren somit keine Isotopieebene.

Aufgrund dieser Beobachtungen könnte man nun zu der Annahme kommen, daß der Metapher ein Moment der Regelwidrigkeit inhärent sei. Möglicherweise zeichnen sich Metaphern gerade durch semantisch nicht-realisierbare Anschlüsse, durch defiziente Isotopien aus. [...]

Sich mit einer semantisch negativen Bestimmung zu begnügen, hieße aber auch, die Metapher lediglich als ein »Abweichungsphänomen« aufzufassen, was im Gegensatz zu der von uns eingangs aufgestellten Behauptung steht. Zumindest reicht es nicht aus, Metaphern als Abweichungen von semantisch-grammatischen Normen auszuweisen. Eine derartige Abweichung läge nämlich auch in einer Äußerung wie

»Ein paar Jahre später *husten* dort *Hotels, Bungalows, Appartementstapel*...«

vor, die wir jedoch nicht als eine metaphorische akzeptieren würden. Demnach muß es auch so etwas wie einen »normalen metaphorischen Sprachgebrauch« geben. Welche Kriterien lassen sich dafür anführen?

Wir haben zwar festgestellt, daß das Lexem *wachsen* mit den Lexemen *Hotel*, *Bungalow* und *Appartementstapel* inkompatibel ist, dabei aber den weiteren Kontext außer acht gelassen, der u. a. auch die Lexeme *blühen* und *gedeihen* enthält. Mit diesen ist das Lexem *wachsen* durchaus kompatibel. Es etabliert mit ihnen eine Isotopieebene, deren dominant-rekurrentes Merkmal [pflanzlich] ist. Aus diesem Grunde wäre es unangemessen, im Falle des Lexems *wachsen* von einem nichtrealisierbaren Anschluß zu sprechen. [. . .]

Es zeigt sich nun, daß die isotop vertexteten Lexeme *wachsen*, *blühen* und *gedeihen* in bezug auf die Lexeme *Hotel*, *Bungalow*, *Appartementstapel*, *Tourismus* und *Bodenspekulation* ausnahmslos als Bildspender fungieren, während letztere Bildempfängerfunktion haben und ihrerseits eine Isotopieebene etablieren, die durch das Merkmal [touristisch] – bzw. vielleicht genauer durch das Merkmalbündel [touristisch], [infrastrukturell], [kommerziell] – bezeichnet werden kann. Darüber hinaus sind die Lexeme der ersteren Isotopieebene auf die (kursiv gedruckten) Lexeme des voraufgegangenen Kontextes zu beziehen:

»Braunblaue *Halbwüste* – da *wächst*, *blüht* und *gedeiht* rein gar nichts. Was soll schon *wachsen* auf Vulkanschotter?«

Ebenso müssen die Lexeme der letzteren (»touristischen«) Isotopieebene mit einer Reihe von Lexemen des Folgekontextes in Verbindung gebracht werden, nämlich mit *Bauten*, *Hotelpalast*, *Zwergenhäuschen*, *Ferienzentrum*, *Baulöwenfreigehege*, *Bagger*, *Kran* usw., mit welchen sie eine erweiterte Spezifikationsebene konstituieren. Alle genannten Lexeme zusammengenommen machen erst die Metapher aus, ermöglichen diese erst aufgrund ihres Zusammenspiels. (So würde z. B. das Lexem *wachsen* allein noch nicht auf eine botanische Geschichte verweisen, insofern dieses Lexem auch über Merkmale wie [menschlich], [tierisch] usw. an kontextuelle Lexeme isotop anschließbar ist.)

Das hier gebrauchte sprachliche Bild – die Metapher – ist also beschreibbar als die Projektion einer touristisch-bautechnischen Geschichte auf eine botanische Geschichte.

Erstere wird in Analogie zur letzteren dargestellt. Dem Hörer obliegt es, das tertium comparationis beider Geschichten herauszufinden. Es dürfte so etwas wie die abstrakte Geschichte einer Wucherung, eines ungehemmten Wachstums sein.

Als ein wichtiges Ergebnis unserer Beobachtungen wollen wir festhalten, daß sowohl die bildspendenden als auch die bildempfangenden Lexeme jeweils eine eigene Isotopieebene – und zwar eine Spezifikationsebene – etablieren und somit überhaupt erst auf zwei verschiedenen Geschichten referentiell beziehbar sind. (Letzteres Moment hatten wir bei unseren Vorüberlegungen ja als konstitutiv für Metaphern angesehen.) Damit wird zugleich deutlich, warum bildspendende und bildempfangende Lexeme nicht auf einer Isotopieebene installiert sein können, weil sie sonst auf ein und dieselbe Geschichte verweisen würden und eine Metapher aufgrund dessen überhaupt nicht zustande käme.

7. Hugo Friedrich: Metaphern in der modernen Lyrik

Aber auch dort, wo in der modernen Lyrik die Metapher noch an eine ihrer älteren Funktionen, das Vergleichen, erinnern mag, ist eine tiefgreifende Wandlung mit ihr vor sich gegangen: das als Vergleichbares Ausgegebene – ausgegeben nämlich in Ton und Gefüge der Metapher – ist faktisch ein völlig Ungleiches. Die Metapher wird zum hilfreichsten Stilmittel für die unbeschränkte Phantasie modernen Dichtens. Von jeher hatte sie der poetischen Veränderung der Welt gedient. Auf gleichnishafte Weise drückt das *Ortega y Gasset* einmal so aus: »Die Metapher ist die größte Macht, die der Mensch besitzt. Sie grenzt an Zauberei und ist wie ein Schöpfungsgerät, das Gott im Innern seiner Geschöpfe vergaß, wie der zerstreute Chirurg ein Instrument im Leib des Operierten liegen ließ.« Doch stand und steht solcher Einsicht die Meinung im Weg, die Metapher besorge die Aufdeckung einer vorhandenen, lediglich noch nicht gesehenen Ähnlichkeit zwischen zwei Gegebenheiten, habe daher wahrheitsähnlichen Rang und sei im übrigen eine uneigentliche Bezeichnung, neben der es, gleichwertig, eine eigentliche gäbe. Für die zahmen Fälle metaphorischer Sprache stimmt diese Meinung auch. Je mehr man indessen in das Land der Dichtung eindringt, desto ungültiger wird sie. Am wenigsten zuständig war sie schon für die Barockliteraturen und ist sie wieder für die moderne Poesie. Denn diese weckt in der Metapher nicht zu einem Gegebenen ein Ähnliches, sondern zwingt mittels ihrer das Auseinanderstrebende zusammen. Die moderne Metapher entsteht nicht aus dem Bedürfnis, Unbekanntheiten auf Bekanntheiten zurückzuführen. Sie macht den großen Sprung von der Verschiedenheit ihrer Glieder zu einer überhaupt nur im sprachlichen Experiment erreichbaren Einheit, und zwar so, daß sie die Verschiedenheit als eine möglichst extreme will, als solche weiß und zugleich dichterisch aufhebt. Bewegt sich eine Dichtung in einem selber schon bildhaften Bereich, so erzeugt sie inmitten seiner eine zweite und bereichsfremde Bilderschicht, bei der es weit weniger auf mögliche Anschauungswerte ankommt als auf die Heftigkeit im Zusammenstoß der einander fremden Schichten. Moderne Lyrik hat aus der metaphorischen Grundfähigkeit, etwas Nahes mit etwas Fernem zu verbinden, die verblüffendsten Kombinationen in der Anverwandlung eines schon Fernen an ein ganz Fernes entwickelt, ohne sich um das Erfordernis einer sachlich oder gar logisch begründeten Nachvollziehbarkeit zu kümmern. Stärker als die klassische Literatur bekunden die modernen Texte, daß die metaphorischen Bezeichnungen nicht die »uneigentlichen« sind, sie sind im Gegenteil die unersetzlichen, die spezifischen, spezifisch nämlich für eine Lyrik, die primär der Sprache, nicht einem Weltbezug dient. Solche Metaphern erschaffen eine Gegenwelt gegen die geläufige Welt, auch derjenigen der älteren (und glücklicheren) Poesie. In vielen Fällen hat die moderne Metapher überhaupt nicht mehr den Sinn, ein Bild neben der »Wirklichkeit« zu sein, sondern sie selber hebt den Unterschied zwischen metaphorischer und nicht-metaphorischer Sprache auf.

8. Eberhard Jüngel:
Metaphern als Ereignisse unmittelbaren Lernens

1. Metaphorische Rede ist weder uneigentliche noch vieldeutige Sprache, sondern eine besondere Weise eigentlicher Rede und eine in besonderer Weise präzisierende Sprache.

2. Zur eigentlichen und präzisierenden Redeweise der Metapher gehört die Dimension der Anrede. Metaphern sprechen an und sollen ansprechen. Das unterscheidet sie von der definierenden Aussage, die nicht anreden, sondern ausschließlich feststellen will.

3. Als besondere Weise eigentlicher und präzisierender Rede hat die Metapher eine dem Definieren insofern vergleichbare Funktion, als sie etwas als etwas zur Sprache bringt – allerdings mit dem Unterschied, daß sie einen Sachverhalt mit Hilfe eines diesem gegenüber völlig neuen Sachverhaltes zur Sprache bringt und dadurch sprachlich in Bewegung setzt, was die Definition feststellt. Die Metapher setzt sprachlich frei, während die Definition sprachlich begrenzt und festsetzt. Auf beide Weisen wird Seiendes sprachlich präzisiert.

4. Metaphorische Rede präzisiert, indem sie mit der Dialektik von Vertrautheit und Verfremdung arbeitet. Sie verfremdet sowohl einen Sachverhalt als auch einen Sprachgebrauch, indem sie ein für die Bezeichnung des Sachverhaltes ungewöhnliches Wort und dieses in einer ungewöhnlichen Bedeutung verwendet. Zugleich geht sie aber davon aus, daß die Verfremdung als solche in die vertraute Welt *eingeholt* wird, so daß es zu einer *Erweiterung* der vertrauten Welt kommt.

5. Metaphern erweitern den Verstehenshorizont, indem sie die Fixiertheit auf das Wirkliche durch Mögliches aufheben und so das Sein von Seiendem *intensivieren*.
6. Metaphern sind Ereignisse unmittelbaren Lernens. Sie lehren, spielend zu lernen.

9. Jürgen Nieraad:
Metaphern als Weltmodelle und Handlungsanweisungen

Wo liegt die Grenze zwischen metaphorischer und »normaler« Bedeutungsdifferenzierung durch Kontexte? Für wen ist ein sprachlicher Ausdruck eine Metapher, für wen nicht? Zu welchem Zeitpunkt ist ein Textstück noch oder nicht mehr metaphorisch? Welche Rolle spielen dabei Situationsbezüge, Textsorten, individuelle Erfahrungen und Vorwissen, Metapherntraditionen?

Alles dies berührt Probleme, die die verschiedensten Fachwissenschaften interessieren, die aber keineswegs bloß akademischer Natur sind. Denn Metaphern sind allererst Weltmodelle und Handlungsanweisungen. Die Juden werden von den Nazis als »Ungeziefer«, die Apo-Anhänger von einem bekannten CSU-Politiker als »rote Ratten«, die Polizisten von manchen Linken als »Bullen« und »Schweine« (»Cops are pigs«) bezeichnet. Die Pariser Studenten schreiben 1968 an die Wände: »Dessous les pavés c'est la plage« und »Les murs ont les oreilles. Vos oreilles ont des murs«. Die Zigarettenmarke xy wird in den Kontext von »Prärie, Lagerfeuer, natürliche Weite und Freiheit, Abenteuer«, die Autowerbung in den Kontext erotisch-emotionaler Suggestivwerte gestellt. Solche Metaphern verändern die Einstellungen zu Menschen und Gegenständen, sie enthalten Handlungsaufforderungen: Vernichtet das Ungeziefer und die Ratten, tötet die Bullen und Schweine, reißt das Pflaster auf und macht die Stadt wieder menschlich, öffnet eure Ohren und bekämpft den Spitzelstaat, kauft die Zigarette xy und das Auto z. Daß Sprechen eine Form des Handelns ist, läßt sich am Fall der sprachlichen Metapher besonders deutlich zeigen.

10. Gerhard Kurz:
Sprachbewußtsein und Metaphorizität

Eine Metapher muß exzeptionell, neuwertig sein, um als solche erkannt werden zu können. In Kontexten, in denen keine semantische Dissonanz, keine exzeptionelle Sprachverwendung realisiert wird, wird auch keine Metapher vermutet und wahrgenommen.

Nun wird eine exzeptionelle Verwendung eines sprachlichen Ausdrucks nicht realisiert, wenn nicht zugleich dessen usuelle Verwendung in einer Sprachgemeinschaft realisiert wird. Da derselbe sprachliche Ausdruck auch usuell meist verschieden verwendet wird und nicht alle Verwendungssinne zugleich präsent sind, ist es angemessen zu formulieren: realisiert werden muß der *relevante* usuelle Gebrauch eines sprachlichen Ausdrucks in einer Sprachgemeinschaft. Der relevante Gebrauch ist der Gebrauch, der uns zuerst einfällt oder den wir für den dominanten oder typischen Gebrauch halten. Die Wahrnehmung eines relevanten usuellen Gebrauchs ebenso wie die eines exzeptionellen, metaphorisch gemeinten Gebrauchs ist also abhängig vom Sprachbewußtsein der Sprecher. Ohne die Berücksichtigung des Sprachbewußtseins der Sprecher kann die Metaphorizität eines sprachlichen Ausdrucks nicht beschrieben werden. Generell kann sprachliche Kommunikation nicht beschrieben werden, wenn die konstitutive pragmatische Bedeutung des Sprachbewußtseins der Sprecher nicht reflektiert wird. Der metaphorische Gebrauch eines sprachlichen Ausdrucks heißt nicht, daß ein Ausdruck einfach *anders* verwendet oder verstanden würde. Der relevante usuelle Gebrauch muß mitverstanden sein, sonst handelt es sich nicht um eine Metapher. Wenn wir einen Ausdruck in einem anderen als dem usuellen Sinn verwenden und nicht wollen, daß der usuelle Sinn beim neuen mitgedacht wird, dann handelt es sich nicht um metaphorisches Sprechen, sondern um einen vereinbarten Kode, um eine Geheimsprache z. B. Es ist konstitutiv für Metaphern, daß die relevante usuelle Bedeutung kopräsent mit der metaphorischen Bedeutung bewußt ist. Die metaphorische Bedeutung liegt nicht außerhalb des usuellen Bedeutungsspektrums, sondern bildet sich *durch die relevante usuelle Bedeutung hindurch*. Sie ist eine derivative Bedeutung der relevanten usuellen Bedeutung. Mit Wittgenstein kann man davon sprechen, daß zwischen usueller und metaphorischer Bedeutung eine »Familienähnlichkeit« besteht. Hätte sich im neuen Kontext die metaphorische Bedeutung gänzlich von der usuellen abgespalten, dann käme auch keine semantische Dissonanz zustande.

Für diesen Sachverhalt hat *Nelson Goodman* die saloppe Formulierung gefunden: »Kurz gesagt, eine Metapher ist eine Affaire zwischen einem Prädikat mit Vergangenheit und einem Objekt, das sich unter Protest hingibt.«

VI. Arbeitsvorschläge

Nach den Erkenntnissen der Einleitung wären bei der Analyse metaphorischen Sprachgebrauchs etwa folgende Aspekte zu berücksichtigen:
– die spezifische Prädikationsstruktur der Metapher (in Verbindung mit der Thematik);
– der Textzusammenhang und die Textsorte;
– der Kontext (die Verwendungssituation);
– Sprecher und Hörer (mit ihren jeweiligen Absichten und Erwartungen sowie mit ihrer Sprach- und Weltkenntnis);
– Besonderheiten der »Lebensform« (typische Metaphernzentren; Traditionen von Bildern, Textsorten, Sprechern und Hörern).

Daraus ergeben sich *Art und Grad der Metaphorizität* sowie die *jeweils vorrangige Funktion.*

A. Anregungen zu einzelnen Textsorten

Fiktionale Texte (III)

1. Anhand der Schiffahrtsmetapher können Abgrenzungen zwischen einfacher Metapher, der metaphora continua (als Allegorie) und Bild oder Symbol besprochen werden. Browning/Teuscher neigen dazu, das Gedicht von Goethe eher symbolisch als allegorisch zu nennen. – Die Schiffahrtsmetapher verweist auf interessante Traditionen, die heute (u. a. aus Gründen des technischen Fortschritts) nicht mehr so lebendig sind.

   Gero von Wilpert: Sachwörterbuch der Literatur. Stuttgart: Kröner ⁶1979.
   Robert M. Browning / Gerhart Teuscher: Deutsche Lyrik des Barock 1618–1723. Stuttgart: Kröner 1980. S. 112 ff.

2. Die Texte reizen zu einem Vergleich in mehrfacher Hinsicht. Beide sind Sonette; beide haben dasselbe Motiv (»Abend«), gestalten aber ein unterschiedliches Thema (Vergänglichkeit des Irdischen, Glanz des Ewigen; »Verfall«). Während Gryphius eindrucksvoll appelliert (Reihung von Exempla in alexandrinischer Form; Verwendung der Allegorie und einfacher Metaphern), entwirft Trakl in der Art einer »absoluten Metapher« eine Chiffre des modernen Lebensgefühls. Heselhaus spricht hier von einem »metaphorischen Gedicht«.

Hugo Friedrich: Die Struktur der modernen Lyrik. Hamburg: Rowohlt 1956. S. 206 ff.
Clemens Heselhaus: Deutsche Lyrik der Moderne von Nietzsche bis Yvan Goll. Düsseldorf: Bagel [2]1962.

3. Hier geht es um die unterschiedliche Ausgestaltung eines Motivs in der Erlebnislyrik von der Romantik über den Realismus bis zur Gegenwart, in Verbindung mit den metaphorischen Fügungen. Dabei sollen stärker als bisher formale Elemente der Gedichte selber und Prädikationsstrukturen der Metapher berücksichtigt werden, ebenso kulturhistorische Traditionen.
Weiterführungen: Motivkreis »Liebesgedichte« (Walther von der Vogelweide: *Under der linden*; Hugo von Hofmannsthal: *Die Beiden*; Erich Kästner: *Sachliche Romanze*). – Robinson-Gedichte (Karl Krolow: *Robinson I*; Christa Reinig: *Robinson*).

Hilde Domin: Wozu Lyrik heute. Dichtung und Leser in der gesteuerten Gesellschaft. München: Piper 1975. (Vor allem S. 119 ff.)
Susanne Ledanff: Die Augenblicksmetapher. Über Bildlichkeit und Spontaneität in der Lyrik. München u. Wien: Hanser 1981.

4. Zur politischen Lyrik zählen Appell- wie auch Reflexionsgedichte (vgl. Fingerhut/Hopster 1972, S. 24 ff.).

Diese Klassifizierung und auch die Zuordnung lassen sich anhand der unterschiedlichen Metaphern (Redensarten bei Karsunke!) erörtern.

Karl-Heinz Fingerhut / Norbert Hopster: Politische Lyrik. Arbeitsbuch. Frankfurt a. M.: Diesterweg 1972.

5.–7. In den Dramen wird die Konfliktsituation zwischen den Protagonisten in sehr verschiedener Weise aus den Standes- bzw. den Klassenunterschieden hergeleitet. Dabei übernimmt die Metapher eine dramaturgische Rolle, die sowohl die Innenspannung zwischen Luise und Ferdinand, Danton und Julie, Mutter Courage und ihren Kindern als auch die Weltauffassungen berührt, bedingt durch Erfahrungen in und mit der gesellschaftlichen Wirklichkeit. Hier finden sich alle Arten von Metaphern, bis hin zu Redensarten, und recht typische Metaphernzentren.

Hans-Günther Schwarz: Die Metapher im Drama. In: Pausch (Hrsg.) (s. Literaturhinweise), S. 129–140.

8. Metaphern werden bevorzugt verwendet, um Gefühle zum Ausdruck zu bringen. Warum eigentlich? Und offenbar ist dieser Ausdruck zeitabhängig: Goethes Überschwenglichkeit wirkt direkt, für uns heute fast peinlich (»Strom von Tränen«, »die Lippen und Augen Werthers glühten«), während Plenzdorf banale Begleitumstände charakterisiert und Betroffenheit im Twen-Jargon verhüllt. Welche Gründe mag es dafür geben? Welche anderen Erzähl- und Stilmittel korrespondieren dem Metapherngebrauch?
Weiterführungen: Vergleich Max Frisch: *Homo faber* – Martin Walser: *Seelenarbeit.* – Vergleich mit Werken von weiblichen Autoren (Gegenüberstellung Frisch/Walser mit Gabriele Wohmann (*Frühherbst in Badenweiler*) oder Karin Struck (*Trennung*).

Gerhart Wolff: Seelen-Arbeit. Zur Behandlung von Walsers Roman im Vergleich mit M. Frischs Homo faber. In: Praxis Deutsch 43 (1980) »Sprache der Gefühle«. S. 51–55.

9. Beide Romane beschreiben einen Menschen in ihrer Zeit: bei Frisch (1957) den an verantwortlicher Stelle tätigen UNESCO-Ingenieur Faber, bei Walser (1979) den passiven Helden und Chef-Fahrer Max Zürn. Frisch charakterisiert den Techniker Faber und die emotional bestimmte Sabeth durch ein bezeichnendes Vergleichs-Spiel, Walser seine Julia, die Tochter von Zürn, aus der Perspektive des Vaters wie eine Schaufensterpuppe. Was offenbaren die Autoren damit über das Verhältnis der Generationen? Welche Rolle spielt hier die Erzählsituation?

Gerhart Wolff: Seelen-Arbeit (s. 8).
Walter Seifert: Didaktik rhetorischer Figuren: Metapher als Unterrichtsgegenstand (s. Literaturhinweise), S. 135 f.

10. Krankheit und Tod als Zeichen der Zeit – das ist seit Thomas Manns *Buddenbrooks* (1901) ein gängiges Thema. Mit welchen Bildfeldern wird Krankheit hier ausgedrückt? Welche übertragene Bedeutung erhalten dabei die Epidemien und der massenhafte Tod? In welcher Funktion tauchte die Krankheit früher in der Dichtung auf?
Weiterführung: Untersuchung des Tb-Mythos (Thomas Mann u. a.) oder des Krebs-Mythos (Gottfried Benn) in der Literatur.

Susan Sontag: Krankheit als Metapher. München: Hanser 1978.

11. Unterstellt wird die Hypothese, daß Unterhaltungs- und Groschenromane konventionelle und lexikalisierte Metaphern enthalten und damit lediglich den »Erwar-

tungshorizont« (Jauß) des zeitgenössischen Publikums treffen, jedoch nicht übersteigen. Stimmt diese Diagnose? Läßt sie sich durch ähnliche Texte (Simmel, Danella etc.) stützen? Und ermöglichen die erwähnten Romane der »hohen Literatur« (Frisch, Mann, Walser) demgegenüber, gerade über ihr Metaphernarsenal, ein »Kontinuum der Reflexion« (Emrich)?

Georg Pilz / Erich Kaiser (Hrsg.): Literarische Wertung und Wertungsdidaktik. Kronberg i. Ts.: Scriptor 1976.

Gebrauchstexte (IV)

1. Metaphern in Börsenreporten signalisieren Bewegung. Aus welchem Grunde? Welche Metaphernformen findet man, aus welchen Bereichen stammen die Bilder? Handelt es sich um Elemente einer informatorischen Fachsprache oder um Überredungstaktiken? Gibt es markante Unterschiede zwischen beiden Texten?
   Weiterführung: Analyse von Sprachschöpfungen Karl Schillers: »Talsohle«, »konzertierte Aktion«, »soziale Symmetrie«, »Aufschwung«.

   Volker Arnold: Kritische Analyse des Sprachgebrauchs der Wirtschaftsjournalistik in Tageszeitungen. In: Projekt Deutschunterricht 4. Stuttgart: Metzler 1973. S. 94–119.
   Gerhart Wolff: Masche oder Manipulation? Zur Metaphernbildung in Wirtschaftstexten (s. Literaturhinweise), S. 51–54.

2.–3. Alle Werbeslogans operieren mit der Metapher »Geschmack«. Wie sind die Slogans im einzelnen aufgebaut? Worauf beruht ihre suggestive Wirkung? – Welche neuen Aspekte ergibt die Anzeige Lancia Delta (etwa in Bezug auf »Hochwertwörter«, Redensarten)?
   Weiterführung: Untersuchung anderer Schlüsselwörter (»Freiheit«). – Untersuchung anderer Produktwerbung

– Untersuchung abgewandelter Redensarten und Sprichwörter.

Bernhard Sowinski: Werbeanzeigen und Werbesendungen. München: Oldenbourg 1979.

Dietrich Flader: Strategien der Werbung. Kronberg i. Ts.: Scriptor 1976.

Wolfgang Mieder (Hrsg.): Deutsche Sprichwörter und Redensarten. Stuttgart: Reclam 1979. (Arbeitstexte für den Unterricht. Reclams UB Nr. 9550 [2].)

Ingo Springmann (Hrsg.): Werbetexte / Texte zur Werbung. Stuttgart: Reclam 1975. (Arbeitstexte für den Unterricht. Reclams UB Nr. 9522.)

4. Die Reportagen beziehen sich auf dasselbe Spiel und stammen aus verschiedenartigen Blättern. Aus welchen Bereichen kommen jeweils die Metaphern? Welche Unterschiede zwischen den Medien signalisieren sie? Welche Funktionen erfüllen Metaphern überhaupt in der Sportsprache? Ist, wie Haubrich behauptet hat, die Sportmetaphorik ein Spiegel des Lebenskampfes?

Werner Haubrich: Die Metaphorik des Sports in der deutschen Gegenwartssprache. In: Der Deutschunterricht 20 (1968) Heft 5, S. 112–133.

5. Die Story des Magazins *Der Spiegel* ist eine besondere Form der Nachrichtengebung und -übermittlung, die inzwischen viele Nachahmer fand. Auch die hier verwendeten Metaphern prägen diese Gestalt und wenden sich an ein ganz bestimmtes Publikum. Welche »Strategien« (= Funktionspläne für den Dialog zwischen Schreiber, Text und Leser) legen sie fest?

Rolf Grimminger: Kaum aufklärender Konsum. Strategien des Spiegel in der gegenwärtigen Massenkommunikation. In: A. Rucktäschel (Hrsg.), Sprache und Gesellschaft. München: Fink 1972. S. 15–68.

Hans Magnus Enzensberger: Die Sprache des Spiegel. In: H. M. E., Einzelheiten I. Frankfurt a. M.: Suhrkamp 1967. S. 75–105

6. Kommentare präsentieren zu umstrittenen Themen betont und bewußt eine eigene Meinung. Unser Beispiel regt an, die Textsorte in Verbindung mit einer deutlichen Isotopieebene sowie einfachen Metaphern zu beschreiben.

Hans Hannappel: Zeitungskommentare im Unterricht. Zur Lernzielbestimmung rhetorischer Analysen. In: Diskussion Deutsch, Heft 14 (1973) S. 359–367.

7. In Schlagzeilen von Tages- und Wochenzeitungen finden sich heute vermehrt Metaphern, oft als (angewandte, abgewandelte) Redensarten. Betonen sie etwa eine neue Tendenz zur Anschaulichkeit in der Gegenwartssprache?

Peter Braun: Tendenzen in der deutschen Gegenwartssprache. Stuttgart: Kohlhammer 1979. S. 150–164.
Werner Koller: Redensarten in Schlagzeilen. In: Muttersprache 85 (1975) S. 400–408.
Wolfgang Mieder (s. 2–3).

8. In wissenschaftlichen Texten finden sich oft Metaphern, vor allem zur Ausbildung einer »Modellvorstellung«. Metaphorische Analogie kann hier nach Nieraad vorrangig eine heuristische, eine didaktische oder eine Erkenntnisfunktion (anschauliche neben diskursiver Erkenntnis) haben. – Reizvoll ist der Vergleich von Masers Kommunikations*modell* und seiner latenten »Wurzelmetaphorik« mit Wittgensteins Sprachspielbegriff und der Einzelmetaphorik bei Kant. Lohnende Stellen auch bei Lew S. Wygotski: Denken und Sprechen (Frankfurt a. M.: S. Fischer 1971), z. B. S. 293, 353.
Weiterführungen: Untersuchung naturwissenschaftlicher Modell-Metaphorik (Newtonsche Mechanik:

Kraft, Trägheit, Impuls, Welle, Elemente etc.). – Verdankt sich wissenschaftlich-technischer Fortschritt etwa dem anschaulichen Denken? – Streitgespräch für und gegen die Metapher in wissenschaftlichen Texten (Argumente bei Nieraad).

Jürgen Nieraad: »Bildgesegnet und bildverflucht« (s. Literaturhinweise), S. 80–111.

9. Spracheinfluß haben heute gewiß Gruppensprachen, so etwa der Twen- und Teenager-Jargon oder die Sprache der Punks. Hier liegt z. B. der Ausgangspunkt für viele modische Redensarten (»keinen Bock drauf haben«). Welches Lebensgefühl kommt in solchen Metaphern zum Ausdruck? Wie ist diese Sprache zu beurteilen, kann man sie »kulturkritisch« verdammen?

Sabine Pape: Bemerkungen zur sogenannten Teenager- und Twensprache. In: Muttersprache 80 (1970) S. 368–377.

10. Ohne Zweifel ist die Sprache des Glaubens – und der Predigt – durchweg metaphorisch. Sie hat nach Jüngel einen besonderen Aussagecharakter (insofern sie ein Mehr an Sein zum Ausdruck bringt) und einen besonderen Anredecharakter (insofern sie diese Botschaft verkündet); beides wird in eine spezifische Weise des Erzählens integriert. Welche allgemeinen Merkmale offenbaren nun die Metaphern in der protestantischen Predigt, welche zeittypischen Unterschiede (auch im Verhältnis Prediger–Botschaft–Gemeinde) lassen sich erkennen?
Weiterführung: Untersuchung der Bibelmetaphorik (etwa der Speisemetaphorik) an einzelnen Gleichnissen.

Paul Ricoeur / Eberhard Jüngel: Metapher. Zur Hermeneutik religiöser Sprache (s. Literaturhinweise).

11.–12. Rezensionen zeigen deutlich die metaphorische

Sprache über Kunst, besonders im Bereich der Musik. Aus welchen Bereichen stammen die Bilder? Warum sind sie gerade hier so zahlreich vertreten? Wie verbinden sie sich mit fachsprachlichen Elementen? Wie beeinflussen Thema und Medium (Adressatenkreis!) die Metapherngestaltung?

Weiterführung: Analyse von Buch- und Theaterrezensionen. – Darstellung der Musik bei Thomas Mann (*Doktor Faustus*) und Hermann Hesse (*Das Glasperlenspiel*).

13. Parlamentsreden sind insbesondere geeignet, anhand der Metaphorik die Einstellung zum politischen Gegner und die Auffassung von Politik überhaupt zu charakterisieren. Denn Metaphern entstammen hier oft recht bezeichnenden Bildspenderbereichen (Spiel, Natur, Architektur). Sie lassen sich zudem den von Zimmermann erörterten Global-Strategien »Aufwertung«, »Abwertung« und »Beschwichtigung« zuordnen, wobei der Gebrauch von Schlagwörtern zu beachten wäre.

Weiterführung: Vergleich mit Neujahrsansprachen (Adressatenkreis!). – Die politisch-manipulative Metaphorik bei Hitler (*Mein Kampf*, vgl. Winckler). – Krankheitsmetaphern in der politischen Rhetorik.

Raimund H. Drommel / Gerhart Wolff: Metaphern in der politischen Rede (s. Literaturhinweise).

Lutz Winckler: Studie zur gesellschaftlichen Funktion faschistischer Sprache. Frankfurt a. M.: Suhrkamp 1970.

Hans-Dieter Zimmermann: Die politische Rede. Der Sprachgebrauch Bonner Politiker. Stuttgart: Kohlhammer [3]1975

14. Hier stellt sich die Frage nach der Manipulation mit Hilfe von Metaphern. Wie kommt sie im einzelnen Falle zustande? Was ist überhaupt Manipulation? Sind *Überredung* und Propaganda nicht überholt in einer Demo-

kratie, in der *Überzeugung* oberstes Richtziel sein müßte?

Weiterführung: Untersuchung von Metaphern in Wahlkampf-Anzeigen, vor allem bezüglich der »Vorwegannahmen« (Präsuppositionen).

Rolf Bachem: Einführung in die Analyse politischer Texte. München: Oldenbourg 1979.

Gerhart Wolff: Sprachmanipulation. Dortmund: Crüwell-Concordia 1978. (Sprachhorizonte 30.)

Gerhart Wolff (Hrsg.): Sprache im Wahlkampf. Praxis Deutsch, Heft 18 (1976).

15. Unsere Geschichtsbetrachtung ist seit Thukydides »pragmatisch«, d. h. zweck- und zielorientiert; sie schafft kausale und finale Verknüpfungen von Geschehnissen. Die (narrative) Darstellung wichtiger Schlüsselereignisse in Schulbüchern kann zeigen, wie Metaphern an perspektivisch-ideologischer Interpretation beteiligt sind: die kollektive Auffassung im Osten und die individualisierende Auslegung im Westen sind offenkundig.

Weiterführung: Vergleich mit der Darstellung anderer Phasen der »bürgerlichen« Revolution. – Vergleich der Darstellungen in mehreren westdeutschen Geschichtsbüchern.

Reinhard Kühnl (Hrsg.): Geschichte und Ideologie. Kritische Analyse bundesdeutscher Geschichtsbücher. Reinbek bei Hamburg: Rowohlt 1973. (rororo aktuell 1656.)

B. Vorschläge für Projekte

Im folgenden werden einige größere Unterrichtsvorhaben angedeutet, die sich nicht mehr auf einzelne Textsorten beschränken und eine längere Bearbeitungszeit in Anspruch nehmen. Die Klammern enthalten Materialhinweise in Kurzform (s. auch Literaturhinweise).

- Theorie und Geschichte der Metapher
  (Einführung, Kurz/Pelster, Nieraad; V, 1–10)
- Metapher und Gegenwartssprache
  (IV, A–I; Braun, Haubrich)
- Metaphernzentren als Indices
  (IV, A, D, H; Drommel/Wolff)
- Metapher und Sprachmanipulation
  (IV, H, I; Wolff: Sprachmanipulation. Dortmund: Crüwell-Concordia 1978. Sprachhorizonte 30, Lutz Mackensen: Verführung durch Sprache. München: List 1973)
- Schichtzugehörigkeit und Metaphernkompetenz
  (V, 10; Kurz/Pelster, Nieraad)
- Metaphern in Fachsprachen
  (IV, A, B, D; Nieraad, Norbert Feinäugle [Hrsg.]: Fach- und Sondersprachen. Stuttgart: Reclam 1974. Arbeitstexte für den Unterricht. Reclams UB Nr. 9510 [2].)
- Vergleich des Metapherngebrauchs in fiktionalen und in Gebrauchstexten
  (ausgewählte Textgruppen aus III und IV)

VII. Quellenverzeichnis

Fiktionale Texte (III)

1. a) Andreas Gryphius: Gesamtausgabe der deutschsprachigen Werke. Hrsg. von M. Szyrocki u. H. Powell. Bd. 1. Tübingen: Niemeyer 1963. S. 61 f. – Hier modernisierte Fassung aus: Ernst Bender (Hrsg.), Deutsche Dichtung der Neuzeit. Karlsruhe: Braun o. J. S. 42.
   b) Goethes sämtliche Werke. Hrsg. von K. Goedeke. Bd. 1. Stuttgart: Cotta/Kröner o. J. S. 258 f.
2. a) Andreas Gryphius: Gesamtausgabe, a. a. O., S. 66; nach Bender, a. a. O., S. 41.
   b) Georg Trakl: Gesamtausgabe. Hrsg. von W. Schneditz. Bd. 1. Salzburg: Müller 1938. S. 13.
3. a) Joseph Freiherr von Eichendorff: Gedichte, Epen, Dramen. Hrsg. von G. Baumann. Stuttgart: Cotta Nachf. 1957. S. 306.
   b) Hebbels Werke in zehn Teilen. Hrsg. von Th. Poppe. Erster Teil. Berlin: Bong o. J. S. 21.
   c) Günter Eich: Gesammelte Werke. Bd. 1. Frankfurt a. M.: Suhrkamp 1973. S. 45.
   d) Paul Celan: Sprachgitter. Frankfurt a. M.: S. Fischer 1974. S. 31.
4. a) Yaak Karsunke: reden & ausreden. Berlin: Wagenbach 1969. (Quarthefte 38.) S. 13.
   b) Hans Magnus Enzensberger: verteidigung der wölfe. Frankfurt a. M.: Suhrkamp 1957. S. 86 f.
5. Friedrich Schiller: Kabale und Liebe. Ein bürgerliches Trauerspiel. Stuttgart: Reclam o. J. (Reclams UB Nr. 33.) S. 12 f.
6. Georg Büchner: Dantons Tod. Ein Drama. Stuttgart: Reclam o. J. (Reclams UB Nr. 6060.) S. 67 f.
7. Bertolt Brecht: Gesammelte Werke. Bd. 4. Frankfurt a. M.: Suhrkamp 1967. (Werkausgabe edition suhrkamp.) S. 1395 ff.
8. a) Johann Wolfgang Goethe: Die Leiden des jungen Werthers. Stuttgart: Reclam 1948 u. ö. (Reclams UB Nr. 67 [2].) S. 135 f.
   b) Ulrich Plenzdorf: Die neuen Leiden des jungen W. Frankfurt a. M.: Suhrkamp 1977. S. 133 f.
9. a) Max Frisch: Homo faber. Ein Bericht. Frankfurt a. M.: Suhrkamp 1962. S. 184 ff.
   b) Martin Walser: Seelenarbeit. Roman. Frankfurt a. M.: Suhrkamp 1979. S. 99 ff.
10. a) Georg Heym: Dichtungen und Schriften. Gesamtausgabe. Hrsg. von K. L. Schneider. Bd. 2. München: Ellermann 1962. S. 114 f.
    b) Thomas Mann: Sämtliche Erzählungen. Frankfurt a. M.: S. Fischer 1963. S. 407 f.
11. a) Heinz G. Konsalik: Das einsame Herz. In: Heyne Jahresband 1979. München: Heyne 1979. S. 249.
    b) Viola Larsen: Als ihre Welt in Scherben brach. Silvia-Auslese-Roman Nr. 848. Bergisch Gladbach: Bastei-Verlag o. J. S. 61.

Gebrauchstexte (IV)

1. a) Die Zeit Nr. 12 vom 13. März 1981, S. 22.
   b) Capital Nr. 3/81 (März), S. 13.
2. Stern und Hör zu (März-Ausgaben 1981).
3. Stern Nr. 13 vom 19. März 1981, S. 202.
4. a) Bild Nr. 69 vom 23. März 1981, S. 6 f.
   b) FAZ Nr. 69 vom 23. März 1981, S. 20.
   c) Die Zeit Nr. 14 vom 27. März 1981, S. 71.
5. Der Spiegel Nr. 13 vom 23. März 1981, S. 136.
6. Die Zeit Nr. 14 vom 27. März 1981, S. 1.
7. Express, FAZ, Kölner Rundschau, Kölner Stadtanzeiger, Süddeutsche Zeitung vom 18. bis 26. März 1981.
8. a) Immanuel Kant: Werkausgabe. Hrsg. von W. Weischedel. Bd. XII. Frankfurt a. M.: Suhrkamp 1977. S. 500.
   b) Siegfried Maser: Grundlagen der allgemeinen Kommunikationstheorie. Stuttgart: Berliner Union-Kohlhammer [2]1973. S. 9.
   c) Ludwig Wittgenstein: Philosophische Untersuchungen. Frankfurt a. M.: Suhrkamp 1971. S. 16 u. 19.
9. a) Die Zeit Nr. 7 vom 6. 2. 1981, S. 63.
   b) Stern Nr. 44 vom 23. Oktober 1980, S. 134.
10. a) Martin Luther: Ausgewählte Werke. Hrsg. von H. H. Borcherdt u. G. Merz. Bd. 6. München: Chr. Kaiser [3]1968. S. 314.
    b) Friedrich Schleiermacher: Predigten. Ausgewählt von H. Urner. Göttingen: Vandenhoeck & Ruprecht 1969. S. 35.
    c) Helmut Gollwitzer: Zuspruch und Ausspruch. Neue Folge. Predigten aus den Jahren 1954–1968. München: Chr. Kaiser 1968. S. 68 f.
11. a) Tibia 1/81. Celle: Moeck 1981. S. 302 f.
    b) FAZ Nr. 70 vom 24. März 1981, S. 26.
    c) Die Zeit Nr. 14 vom 27. März 1981, S. 52.
    d) Mädchen Nr. 13 vom 18. März 1981, S. 31.
12. Die Zeit Nr. 13 vom 18. März 1981, S. 45. (Penck-Ausstellung in Basel.)
13. a) Bismarcks Reden und Briefe. Hrsg. von O. Lyon. Leipzig: Teubner 1895. S. 148.
    b) Max Domarus: Hitler. Reden und Proklamationen 1932–1945. Bd. II,2. München: Süddeutscher Verlag 1965. S. 2204 f.
    c) Erste Beratung der Ostverträge im Deutschen Bundestag am 23., 24. und 25. Februar 1972. Hrsg. vom Presse- und Informationsamt der Bundesregierung. Bonn 1972. S. 136 u. 128.
14. a) Helmut Schmidt: Sicherheit für Deutschland. Referat auf dem Wahlparteitag Essen 9./10. Juni 1980. Unkorrigiertes Protokoll, S. 28 f.
    b) Rainer Barzel: Frieden und Freiheit. Rede beim 36. Landesparteitag der CDU Westfalen-Lippe. Broschüre der CDU NRW, S. 14 f.
15. a) Geschichte. Lehrbuch für Klasse 7. Berlin [Ost]: Volkseigener Verlag Volk und Wissen [14]1980. S. 129 ff.
    b) Das Werden des nationalen Staates. Kletts Geschichtliches Unterrichtswerk für Mittelklassen. Ausgabe C. Stuttgart: Klett 1967 u. ö., S. 74 f.

Texte zur Theorie der Metapher (V)

Die Überschriften der Texte stammen vom Herausgeber.

1. Aristoteles: Poetik. Übers. von Olof Gigon. Stuttgart: Reclam 1961. S. 54 f.
2. Quintilian: Ausbildung des Redners. Hrsg. u. übers. von H. Rahn. 2. Teil. Darmstadt: Wissenschaftliche Buchgesellschaft 1975. S. 219 ff.
3. Hermann Paul: Prinzipien der Sprachgeschichte. Tübingen: Niemeyer ⁶1960. S. 94 f.
4. Karl Bühler: Sprachtheorie. Die Darstellungsfunktion der Sprache. Stuttgart: Gustav Fischer ²1965. S. 347 ff.
5. Harald Weinrich: Semantik der Metapher. In: Folia Linguistica 1 (1967) S. 5 ff.
6. Werner Kallmeyer [u. a.]: Lektürekolleg zur Textlinguistik. Bd. 1. Frankfurt a. M.: Athenäum Fischer 1974. S. 167–170.
7. Hugo Friedrich: Die Struktur der modernen Lyrik. Hamburg: Rowohlt 1956. S. 207 f.
8. Eberhard Jüngel: Metaphorische Wahrheit. Erwägungen zur theologischen Relevanz der Metapher als Beitrag zur Hermeneutik einer narrativen Theologie. In: P. Ricoeur / E. Jüngel: Metapher. München: Chr. Kaiser 1974. S. 119.
9. Jürgen Nieraad: »Bildgesegnet und bildverflucht«. Forschungen zur sprachlichen Metaphorik. Darmstadt: Wissenschaftliche Buchgesellschaft 1977. S. 3 f.
10. Gerhard Kurz: Die Rhetorik der Metapher. In: G. Kurz / Th. Pelster: Metapher. Theorie und Unterricht. Düsseldorf: Schwann 1976. S. 58 f.

VIII. Literaturhinweise

Hier werden nur die wichtigsten, für eine Analyse in der Schule relevanten Titel genannt. Einen kurzen Forschungsbericht bietet Drommel in Messelken 1976 und eine ausführliche, gegliederte Bibliographie Nieraad 1977.

Bense, Max: Einführung in die informationstheoretische Ästhetik. Grundlegung und Anwendung in der Texttheorie. Reinbek bei Hamburg: Rowohlt 1969. (Vor allem S. 117 ff.).

Bochumer Diskussion 1968: Die Metapher. In: Poetica 2 (1968) S. 100 ff.

Braun, Peter: Tendenzen in der deutschen Gegenwartssprache. Stuttgart: Kohlhammer 1979. (Vor allem S. 150 ff.)

Drommel, Raimund H. / Gerhart Wolff: Metaphern in der politischen Rede. In: Der Deutschunterricht 30 (1978) Heft 1, S. 71–86.

Haubrich, Werner: Die Metaphorik des Sports in der deutschen Gegenwartssprache. In: Der Deutschunterricht 20 (1968) Heft 5, S. 112–133.

Ingendahl, Werner: Der metaphorische Prozeß. Methodologie zu seiner Erforschung und Systematisierung. Düsseldorf: Schwann 1971. (Sprache der Gegenwart 14.)

Kallmeyer, Werner [u. a.]: Lektürekolleg zur Textlinguistik. 2 Bde. Frankfurt a. M.: Athenäum Fischer 1974. (Vor allem I, S. 161 ff.)

Keller, Rudi: Zur Theorie des metaphorischen Sprachgebrauchs. In: Zeitschrift für germanistische Linguistik 3.1 (1975) S. 50–62.

Koller, Werner: Redensarten. Linguistische Aspekte, Vorkommensanalysen, Sprachspiel. Tübingen: Niemeyer 1977.

Kurz, Gerhard / Theodor Pelster: Metapher. Theorie und Unterricht. Düsseldorf: Schwann 1976.

Lausberg, Heinrich: Elemente der literarischen Rhetorik. München: Hueber [4]1971.

Ledanff, Susanne: Die Augenblicksmetapher. Über Bildlichkeit und Spontaneität in der Lyrik. München u. Wien: Hanser 1981.

Meckling, Ingeborg: Die Metapher im Unterricht. Diskussionsthemen und Übungen zum produktiven Verständnis einer Stilfigur. In: Der Deutschunterricht 23 (1971) Heft 6, S. 121–131.

Messelken, Hans (Hrsg.): Sprachbilder. Praxis Deutsch, Heft 16 (1976). (Basisartikel, Forschungsbericht und Unterrichtsmodelle.)

Nieraad, Jürgen: »Bildgesegnet und bildverflucht«. Forschungen zur sprachlichen Metaphorik. Darmstadt: Wissenschaftliche Buchgesellschaft 1977.

Pausch, Holger A. (Hrsg.): Kommunikative Metaphorik. Die Funktion des literarischen Bildes in der deutschen Literatur von ihren Anfängen bis zur Gegenwart. Bonn: Bouvier 1976.

Plett, Heinrich F.: Einführung in die rhetorische Textanalyse. Hamburg: Buske [3]1975.

Ricoeur, Paul / Eberhard Jüngel: Metapher. Zur Hermeneutik religiöser Sprache. München: Chr. Kaiser 1974.

Seifert, Walter: Didaktik rhetorischer Figuren: Metapher als Unterrichtsgegenstand. In: Otto Schober (Hrsg.), Sprachbetrachtung und Kommunikationsanalyse. Königstein i. Ts.: Scriptor 1980. S. 129–138.

Sörensen, Bengt Algot (Hrsg.): Allegorie und Symbol. Texte zur Theorie des dichterischen Bildes im 18. und frühen 19. Jahrhundert. Frankfurt a. M.: Athenäum 1972.

Sowinski, Bernhard: Deutsche Stilistik. Beobachtungen zur Sprachverwendung und Sprachgestaltung im Deutschen. Frankfurt a. M.: S. Fischer 1978. (Vor allem S. 256 ff.)

Weinrich, Harald: Semantik der Metapher. In: Folia Linguistica 1 (1967). Auch in H. W.: Sprache in Texten. Stuttgart: Klett 1976. S. 317–327.

Wolff, Gerhart: Masche oder Manipulation? Zur Metaphernbildung in Wirtschaftstexten. In: Praxis Deutsch, Heft 16 (1976) S. 51–54.

Arbeitstexte für den Unterricht

Sprachgeschichte, Sprach- und Literaturtheorie

Philipp Reclam jun. Stuttgart